_____MÄNNER_____

HERLINDE KOELBL

MÄNNER

Mit Texten von
Klaus Honnef und Cora Stephan

BUCHER

Bildkonzeption: Herlinde Koelbl, Axel Schenck
Grafische Gestaltung: Christine Hartl, Bertram Schmidt
Herstellung: Johannes Eikel, Angelika Kerscher

2. Auflage 1984

© 1984 by Verlag C. J. Bucher GmbH,
München und Luzern
Alle Rechte vorbehalten
Reproduziert und gedruckt
in Duoton-Offset
Printed and bound in Germany
ISBN 3 7658 0462 2

«Gewiß gibt es kaum ein heikleres Thema, und zahlreich sind die Klippen aller Art. Die gewöhnlichsten heißen: zweifelhafter Geschmack und – sprechen wir es ruhig aus – pornographische Wirkung.

Solange es darum geht, Texte zu illustrieren, oder solange man zum Zweck des Studiums und der Forschung arbeitet, hat der Photograph alle Aussicht, vor Verstößen gegen Schicklichkeit und Takt bewahrt zu bleiben. Sobald aber ein materieller Erfolg angestrebt wird, besteht viel Wahrscheinlichkeit, daß das Problem verfälscht wird. Alles Ordinäre wird so viel leichter verkauft! Und ein Zugeständnis zieht das andere nach sich.

Um so erfreulicher die Feststellung, daß alle möglichen ungünstigen Umstände Photographen wie Weston, Laure Albin-Guillot, Blumenfeld, Brandt, Sougez, Henle, Savitry, Jahan, Amson und viele andere nicht daran haben hindern können, uns wunderbare Aktbilder zu schenken. Es ist eben eine Frage des Geistes, der Bildung und des technischen Könnens.»

R. E. Martinez (camera, Nr. 4, S. 162, 1955)

Inhalt

Klaus Honnef   Männer – In der Optik einer Frau   7
Herlinde Koelbl   Männer – Bildverzeichnis   22
Bildteil   25
Cora Stephan   «wann ist ein mann ein mann?»   131

Männer – In der Optik einer Frau

Klaus Honnef

Eine Fotografin zieht aus, den nackten männlichen Körper zu entdecken. Was ist so bemerkenswert daran, könnte jemand einwerfen, daß es eigens erwähnt wird? Doch wer intensiver nachzudenken beginnt, erkennt alsbald das Un-, ja Außergewöhnliche des Unterfangens. Männer haben Frauen fotografiert, gemalt, modelliert, gezeichnet, lithographiert und in Kupfer gestochen. Der weibliche Körper ist gerade in unserem Medienzeitalter ein – um ein Bild aus einer allmählich verdämmernden Epoche zu verwenden – offenes Buch. Nichts mehr bleibt im verborgenen, ist sicher vor dem gierigen Zugriff der Kameras. Wenn von Aktfotografie die Rede ist, blühen die Assoziationen an schlanke, schöne Mädchenkörper in verführerischen Posen unter wechselndem Licht auf. Oder ist dieser Gedanke nur der Ausdruck *männlichen* Vorstellungsvermögens? Ruft die Gattungsbezeichnung in Frauenköpfen andere Imaginationen auf – athletische Männerkörper beispielsweise?

Sicher ist, daß die nackte Frau das bei weitem bevorzugte Motiv der Aktfotografie war und ist. Die Ursachen liegen vornehmlich im Gesellschaftlichen. Noch bestimmt der Blick des Mannes die Sicht auf das Panorama der Wirklichkeit. Dazu gehört, daß das Thema des nackten Epheben in der Aktfotografie keineswegs selten vorkommt. An den Baron Wilhelm von Gloeden und seinen Vetter Wilhelm Plüschow wäre zu denken, die beide berühmt geworden sind mit ihren Darstellungen wohlgestalteter, unverhüllter Jünglingskörper. Und feilgeboten wurden die Fotografien nicht allein in einschlägig orientierten Zirkeln. Die gleichermaßen aggressiv und unterkühlt wirkenden Aufnahmen unbekleideter Schwarzer von Robert Mapplethorpe haben sogar einen stilistischen Wandel in der gesamten Aktfotografie angebahnt und einer in ästhetischer und thematischer Hinsicht erstarrten Gattung neue Impulse verliehen.

Gleichviel – Männerakte bilden nur einen Seitenstrang in der Aktfotografie. Im Gegensatz zur Malerei, zur Plastik, zur Grafik. Da ist das Verhältnis der Geschlechter bis tief in das 19. Jahrhundert ausgeglichener. Allerdings mußte sich noch der Maler der Renaissance weitgehend mit der männlichen Erscheinung begnügen, wenn er die natürliche Schönheit der weiblichen Physis feiern wollte. Die Gehilfen und Schüler im Atelier oder die männlichen Verwandten waren es, an denen die Künstler ihre anatomischen Studien betrieben. Manche olympische Göttin und manche Nymphe verdanken ihre künstlerische Existenz gleich in zweifacher Weise einem Mann. Erst ein Jahrhundert später entkleideten sich selbst Damen der Gesellschaft, um ihre körperlichen Vorzüge im Bild darzubieten.

Nicht immer und nicht zu allen Zeiten haben sich an die Darstellung der Nacktheit erotische Ziele und geheime oder offene sexuelle Wünsche geknüpft. Im nackten menschlichen Körper erblickte die Antike das Maß aller Dinge. Im Mittelalter hingegen dominierte Körperfeindlichkeit, hinter der sich der Dualismus von Unschuld und Sünde verbarg. Auch hielten es die einzelnen Kulturen unterschiedlich. Die Kulturen des Orients und Asiens beschränkten die Abbildung der unverhüllten menschlichen Gestalt auf die Spezies der erotischen Kunst. In der Geschichte des Abendlandes war es die Renaissance, die den teilweise oder ganz enthüllten Körper wieder mit einem erotischen Fluidum versah. Der individuelle Mensch, das einzelne Wesen, das wird und stirbt, eroberte sich damals die Welt der Kunst. Und je diesseitiger diese Welt wurde, desto sinnlicher wurde sie und desto intensivere erotische Ausstrahlung gewann sie. Eduard Fuchs, der gelehrte Sammler und Kulturhistoriker, der wie kein anderer die Zusammenhänge zwischen Erotik und Kunst erforscht hat, machte das erotische Verlangen, die sexuelle Lust als die entscheidenden Triebfedern allen künstlerischen Wollens aus. Seine These ist gewiß anfechtbar – und diskussionsfähig nur, wenn wir sie auf die Kunst der Neuzeit beziehen. Doch die Kunst der Neuzeit hat auch den Akt als selbständiges künstlerisches Genre hervorgebracht; ein Genre, das sich steigender Beliebtheit erfreute, bis die Fotografie den Markt mit ihren nackten Tatsachen überschwemmte. Der Frau wies Eduard Fuchs, noch fest im Denken des 19. Jahrhunderts verankert, trotz seines offenen geistigen Horizonts die Rolle des «Bildgegenstandes» zu: Auslöser und Zielpunkt sexueller Leidenschaft zugleich. Künstlerische Kreativität sprach er ihr kurzerhand ab. Darin durchaus im Einklang mit der vorherrschenden Meinung. Die Kunstgeschichte, ein Kind des vergangenen Jahrhunderts, kennt denn auch nur wenige Künstlerinnen – um so besser jedoch die Venus von Urbino oder die nackte Maja. Männer haben Frauen gemalt, Männer haben Frauen fotografiert – nackt, wie das Leben sie schuf. Das ist nachgerade so selbstverständlich, daß man(n) kein Wort darüber verliert.

Eine künstlerische Doktrin ist folgenreicher für die ästhetische Praxis in unserem Jahrhundert gewesen als andere. Am pointiertesten formuliert wurde sie von einem Poeten und Stückeschreiber: Bertolt Brecht. Am subtilsten (und bedrohlichsten) in Bilder umgeschmolzen von einem Filmemacher: Alfred Hitchcock. Am ironischsten ins Werk gesetzt von einem (früheren) Maler: Marcel Duchamp. Kurz gefaßt, ohne die ideologische Rechtfertigung, die ihr der Dichter zumaß, fordert sie von einer künstlerischen Handlung: das Bekannte unbekannt erscheinen zu lassen, das Vertraute fremd, das Gewöhnliche außergewöhnlich. Perspektivwechsel auf die Dinge des Lebens, Ambivalenz statt Eindeutigkeit, Sprengung der konventionellen Bedeutungsschemata. Das Messer war Hitchcocks liebstes Requisit. Ein nützliches Instrument und zugleich eine tödliche Waffe, je nachdem, wer es benutzt: die Hausfrau oder ihr Mörder.

Den Frauen hatte auch die bürgerliche Gesellschaft noch überwiegend eine passive Rolle zudiktiert. Und insofern ist die Kunstgeschichte ein Reflex dieser Einstellung. Als Frauen sich aber anschickten, die Fesseln zu lösen, das Rollenfach zu erweitern, von stillen Dulderinnen zu entschlossenen Protagonistinnen zu wachsen – mußte das nicht zwangsläufig zu einem Aufbrechen allgemeiner Irritationen führen? Das vertraute Frauenwesen mutete die Männerwelt unversehens fremd an. Wie fremd, dokumentieren allein schon die hämischen Vorstellungen und Nachreden, welche die Geschichte der Frauenbewegung begleiten. Daß Männer Frauen malen, modellieren, zeichnen und fotografieren, ist uns (Männern) allzu selbstverständlich, um darüber nachzusinnen. Was aber im umgekehrten Fall? Wäre uns ebenfalls selbstverständlich, wenn Künstlerinnen den unbekleideten männlichen Körper mit dem gleichen Aufwand, der gleichen Hingabe, der gleichen Indiskretion und der gleichen Lust oder Geilheit in ihren Bildern und Skulpturen zur Schau stellten, wie es Künstler zu tun gewohnt sind? Die Frage können wir nicht so ohne weiteres beiseite schieben. Denn eines ist doch sicher: Obwohl Künstlerinnen auf das Geschehen der Kunst am Ende des 20. Jahrhunderts einen immer noch zunehmenden Einfluß ausüben, fällt in ihren Arbeiten «der nackte Mann» als Gegenstand künstlerischer Reflexion aus. Nur hin und wieder finden sich verschämte Anspielungen auf die Anziehungskraft und Schönheit (oder auch Gefährlichkeit) der nackten männlichen Physis, höchst versteckt, verbrämt und meistens symbolisch verschlüsselt. Der eigene Körper ist den Künstlerinnen ein näherliegendes Objekt der Darstellung als das männliche Pendant. Und selbst Fotografinnen, die früher als die Künstlerinnen den Männern die Alleinherrschaft im Metier streitig gemacht hatten, offenbaren hier eine merkwürdige Zurückhaltung und Scheu. Sie fotografieren weibliche Akte statt männliche, als ob sie nicht gleiches Recht beanspruchen könnten wie ihre männlichen Kollegen. Frauen sehen Frauen – Frauen in vollem Habit und ohne «einen Fetzen am Leib» –, die Buchform eines solchen Projekts liegt längst vor. Die männliche Nacktheit indes hat sich bislang dem Zugriff der Künstlerinnen und Fotografinnen entzogen.

Bislang!

Herlinde Koelbl hat nun den Bann gebrochen. Eine Fotografin in der mittleren Generation, erfahren, renommiert durch zahlreiche Veröffentlichungen in Tages- und Wochenzeitungen, in Illustrierten; Bildautorin mehrerer Bücher. Sie hat gewagt und ungemein eindrucksvoll und überzeugend im Bild realisiert, was – aus ebenso einsichtigen wie prinzipiell unerfindlichen Gründen – weder Künstlerinnen noch Fotografinnen in Angriff genommen haben: Sie hat eine runde Anzahl von Männerakten geschaffen, eine Parade unverdeckter Männlichkeit. Das gesamte Spektrum des Maskulinen ist ausgemalt: der Narziß, selbstverliebt, neben dem reifen Mann voll abgeklärter Sinnlichkeit, der aggressive Macho neben dem zärtlichen Liebhaber, die verstohlene Maskierung neben der stolzen Besitzergeste. Doch noch mehr: Herlinde Koelbl hat den männlichen Körper mit jener Direktheit und Hartnäckigkeit fotografiert, womit Männer den weiblichen Körper ablichten. In den verschiedensten Ausschnitten: vollständig und im Detail, im Profil und von vorn.

Etwas Vertrautes fremd erscheinen zu lassen: Das Auge des männlichen Betrachters, des Autors dieses Textes, betrachtet einen männlichen Körper oder eines seiner charakteristischen Merkmale durch die Optik einer Frau. Es begegnet ihm das fotografische Bild einer männlichen Brust; nicht anders aufgenommen als ein weiblicher Busen, mit Streiflicht von links, so daß sich die Rundungen sanft vom Körper abheben und die Brustwarze eine handgreifliche Gegenwärtigkeit erhält; unverkennbar ein erotisches Signal, gesättigt von sinnlicher Ausstrahlung. Provozierend gewiß, weil eben nicht zum sinn- und sinnentleerten Klischee herunterfotografiert und abgegriffen wie das weibliche Gegenstück. Der «normale» heterosexuelle Betrachter fühlt sich plötzlich verunsichert.

Warum? Ruft das Motiv, die nackte männliche Brust, die Irritation hervor? Wohl kaum. Es ist vielmehr die Art und Weise, wie diese männliche Brust im fotografischen Abbild vergegenwärtigt wird. Sie wird nicht anders behandelt als die weibliche Brust in der üblichen Aktfotografie. Herlinde Koelbl verwendet mithin ein eingeführtes Bildmuster und füllt es – lediglich – mit einem ungewohnten bildnerischen Gegenstand. Ein legitimes ästhetisches Verfahren und keineswegs neu. Eine Methode freilich subtiler Subversion. Schon die Kunst hat sich eher nach dem Gesetz von Schema und Korrektur entwikkelt, das Ernst Gombrich formuliert hat, als nach dem Gesetz des dialektischen Dreischritts von These, Antithese und Synthese, welches die künstlerische Avantgarde proklamierte. Um wie vieles stärker noch muß es in der Fotografie zur Geltung gelangen, deren Ausdruckspotential aufgrund ihrer spezifisch technischen Gebundenheit begrenzt ist? In der Fotografie verändern sich die Sehweisen, die Motive und Themen, die Blickwinkel und die Inszenierungsmodelle – nicht aber verändert sich die ästhetische Struktur. Solange das fotografische Bild in einem linsenbestückten Apparat entsteht, entwirft es einen Bildplan, der nach Maßgabe des zentralperspektivisch geregelten bildnerischen Aufrisses der «Illusionsmalerei» konstruiert ist. Infolgedessen präsentiert sich das Erscheinungsbild der Fotografie im grundsätzlichen noch so wie vor hundertfünfzig Jahren, als sie entdeckt wurde. Seine offenkundigen Wandlungen berühren nur Äußerlichkeiten. Mithin sollten wir auch nicht von einer Veränderung der Fotografie im Laufe ihrer kurzen Geschichte sprechen – diese betrifft in erster Linie den technischen Sektor –, sondern von der Erweiterung ihrer a priori vorhandenen Möglichkeiten. Erweitert hat sich ihr Spielraum beträchtlich, erweitert in zweierlei Richtungen: Die Farben der thematischen Palette haben sich erheblich vermehrt, und die Fähigkeit, auch die verborgensten, dunkelsten und periphersten Dinge des Lebens im Abbild festzuhalten, ist enorm gestiegen.

Wer über fotografische Bilder ein ästhetisches Urteil fällt, muß beständig die «materiellen» Voraussetzungen und Bedingungen des Mediums bei der Urteilsfindung berücksichtigen. Andernfalls überträgt er bloß verbrauchte Kategorien der Genremalerei des 19. Jahrhunderts auf die Fotografie. Daher die ästhetische Rückständigkeit der Kunstfotografie. Insofern vermögen wir auch nur dann die Kühnheit des Unterfangens von Herlinde Koelbl in ihrem ganzen Ausmaß zu begreifen, wenn wir sowohl Möglichkeiten als auch Grenzen des Metiers in Rechnung stellen. Herlinde Koelbl gießt in den alten Schlauch einer konventionellen Bildformel sozusagen frischen Wein, indem sie einen Sujettausch vornimmt. Aber damit bescheidet sie sich nicht. Sie verstärkt den Irritationseffekt noch. Sie verstärkt ihn dadurch, daß sie die eigentlich vom Betrachter konventioneller Aktfotografie erwartete weibliche Brust nicht durch ein x-beliebiges bildnerisches Motiv ersetzt – denkbar wäre ein Symbol –, sondern durch einen männlichen Busen, den in diesem Zusammenhang niemand erwartet. Sie verletzt eine «stille» Norm, zerstört mithin ein starres Wahrnehmungsschema kraft einer polaren Motivverkehrung, und durchkreuzt eine bestimmte Form von Erwartenshaltung. Mit schlichteren Worten: Sie stiftet Unsicherheit.

Nicht von ungefähr erweist sich Herlinde Koelbl im Parcours der Aktfotografie als souverän; sie meistert jede Hürde, überwindet jeden Graben. Auf Anhieb erkennen wir, sie hat Praxis. Früher schon hat sie sich in dieser Gattung geübt. Sie hat Aufnahmen angefertigt von nackten Mädchen und Frauen wie andere Fotografinnen auch – doch ein Mann tauchte nicht auf. Später hat sie diesen Zweig fotografischer Tätigkeit nicht weiterverfolgt, ihre Aufmerksamkeit vielmehr anderen Herausforderungen der Profession gewidmet. Herlinde Koelbl ist Fotografin von Beruf. Eigentlich überflüssig zu erwähnen. In diesem Zusammenhang jedoch wichtig. Nicht zuletzt, um ein verbreitetes Vorurteil aufzulösen. Im Vergleich zu den «freien» Künstlern schätzen wir durchweg Bildner, die innerhalb eines vorgeschriebenen Rahmens ihre Arbeit verrichten, als ferngeleitete Roboter ohne eigene Phantasie und Kreativität ein. Vergessen wir dabei aber nicht, daß auch ein Francisco Goya äußeren Zwängen untertan, daß er «Erster Maler» seiner katholischen Majestäten und daß er auch noch stolz darauf war? Die nackte Wahrheit hat er seinen Auftraggebern dennoch ins Gesicht gemalt – mit deren Billigung. Heißt außerdem, um Grenzen zu wissen, nicht ebenfalls, daß wir eine Chance haben, Grenzen verrücken zu können? Wie dem auch sei: Fotografin oder Fotograf von Beruf sein, schließt immer auch eine bestimmte fotografische Auffassung und Methode ein, eine bestimmte Methode der Annäherung und Auseinandersetzung mit den fotografischen Gegenständen.

Herlinde Koelbl verkörpert den Typus eines Fotografen, der die Gefahren seines Mediums kennt und entsprechend skrupulös vorgeht; der sich bewußt ist, daß die Fotografie voyeuristische Elemente birgt, vielleicht sinnfälliger Ausdruck einer Zuschauergesellschaft ist, passiv und gleichwohl ausgesprochen sehlüstern; der zudem die penetrante Indiskretion fotografischer Tätigkeit kennt und ihr unter keinen Umständen Vorschub leisten will. Susan Sontag vergleicht – überpointiert, doch nicht zu Unrecht – die Kamera mit einer Waffe. Herlinde Koelbl ist in ihrer Arbeit um Authentizität bemüht. Authentizität bedeutet für sie, daß die Sicht, das Selbstverständnis der Betroffenen, der «Modelle» ihrer fotografischen Bilder, im bildnerischen Ergebnis gebührend berücksichtigt werden. Sie hat die Lektion der Kunst gelernt. Opfer fotografischer Exekutionen – in Herlinde Koelbls Aufnahmen vermögen wir keine aufzuspüren. Statt dessen sehen wir Bildakteure, die im Zusammenspiel mit Kamera und Fotografin ihre Vorstellungen dem künstlerischen Szenario injizieren. Die Bildautorin unterschlägt auch die Gegenwart der

Kamera nicht. Sie erweckt nicht den Eindruck, als würde sie die Wirklichkeit schildern: So wie sie ist – aber wie ist sie? Sie inszeniert vielmehr eine Wirklichkeit eigener Daseinskraft und eigener Prägung. Sie schafft eine fotografische Wirklichkeit.

Keine Gattung seines Mediums verlangt vom Fotografen größere Umsicht und ausgefeilteres Gespür als die Aktfotografie. Zumal, wenn keine professionellen Modelle abgebildet werden sollen. Diese wappnen sich durch ein Repertoire von Posen und schematisierten Haltungen gegen die Zudringlichkeit der Kamera, selbst wenn sie ihre intimsten Seiten entblößen. Der ungeübte Mensch hingegen verhält sich linkisch vor der Kamera in seiner Nacktheit, im doppelten Sinne schutzlos, falls er nicht durch die Sensibilität der Bildner «aufgefangen» wird, und ihm mag dämmern, was die vermeintlich primitiven Menschen empfunden haben, als sie glaubten, die Fotografie würde ihnen die Seele rauben. Dank ihrer fotografischen Auffassungsmethode ist Herlinde Koelbl – buchstäblich – prädestiniert, ein spannungsreiches Thema wie das des Männerakts zu bewältigen. Zweieinhalb Jahre dauerte die Auseinandersetzung mit dem anspruchsvollen Sujet an. Mit Absicht hat sie sich zunächst nicht umgeschaut, nach welchen ästhetischen Kriterien Männer ihresgleichen fotografieren. Sie verließ sich auf ihre Erfahrung und, nachdrücklicher, auf ihre künstlerische Intuition.

Vermutlich lieferte ein persönliches Erlebnis die Initialzündung. Möglich auch – warum sollten Frauen darin von Männern verschieden sein? – eine erotische oder sexuelle Attraktion. Eine spürbare Befangenheit, hüben wie drüben, kennzeichnet die ersten Aufnahmen. Akteur und Operateur befinden sich zwar in einem gewissen Einverständnis, doch die Fotografin ist bestrebt, die männliche Blöße mit allerlei Inszenierungskünsten zu camouflieren. Der spielerische Charakter ist evident. Freunde posieren, und Herlinde Koelbl umhüllt ihre jähe Nacktheit gewissermaßen mit Hilfe eines ausgefeilten bildnerischen Arrangements: Zusätzliche Accessoires müssen her; das eine oder das andere entpuppt sich bereits als charakterisierendes Attribut. Die Maske, Schaufensterpuppen, die im Reklamestil gemalte Marilyn Monroe mit ihren schwellenden Brüsten teilen die Aufmerksamkeit der Betrachter. Eine Aufnahme zeigt einen erwachsenen Mann mittleren Alters auf einer Couch, zusammengekrümmt wie ein Embryo. Anrührend in seiner offenkundigen Schutzlosigkeit. Gleichsam die prägnante Bildmetapher für das frühe Stadium der Beschäftigung mit dem angegangenen fotografischen Problem. Die Kamera verharrt fast ausschließlich in der Position eines Aufnahmegeräts, sie registriert, was vor der Linse geschieht. Sie hält Abstand. Bildausschnitt und

Bildwinkel betonen die Künstlichkeit der «Vorführung». Nackt im rechten Verständnis des Wortes sind die fotografierten männlichen Gestalten nicht, sie überspielen ihre Blöße. Die erotisch-sexuellen Züge sind noch schwach ausgestaltet. Auffällig ist hingegen die Ironie, die einige Bilder akzentuiert: der nackte Mann als Mitglied eines Ensembles von bekleideten und unbekleideten Schaufensterfiguren. In der Modefotografie hat F.C. Gundlach die Mannequins unter die Kleiderpuppen gemischt. Abermals dreht Herlinde Koelbl die Perspektive um, mutet Männern zu, was in der fotografischen Tradition bis dahin allein Frauen zugemutet wurde. Die Kamera spiegelt die Haltung der Fotografin. Neugierde, aber noch eine spürbare Scheu, tiefer in die Materie einzudringen.

Diese erste Phase des Projekts Männerakte mündet in eine ausgiebige intellektuelle Reflexion des Themas, ein penibles Auseinandertüfteln seiner vielfältigen Implikationen. Jener Aspekte vornehmlich, die in der konventionellen und kommerziellen Aktfotografie mit peinlicher Sorgfalt vermieden werden. Denn nichts liegt dieser Fotografin ferner, als nackte Männer in den verschiedensten Haltungen und Stellungen abzulichten und somit die herkömmliche Aktfotografie, die erotisierend ist wie ein Papiertaschentuch, um eine Variante zu «bereichern».

Nein – das Genre, das sich Herlinde Koelbl erwählt hat, ist nur Vorwand, nur Vehikel. Sie bewegt sich in diesem Genre, weil es ihren Absichten entgegenkommt. Die reichen über den engeren Bezirk der Kunst und der Fotografie hinaus und streifen Fragen der Anthropologie. Herlinde Koelbl ist eine Fotografin, die sich den Kategorien der Aufklärung verschrieben hat. Sie will erhellen, was noch nicht genügend ausgeleuchtet ist, gleichwohl im Interesse der Allgemeinheit einer Ausleuchtung bedarf. Sie will es wissen; und in bezug auf das selbst gestellte Thema will sie wissen, was es mit dem «Mann» auf sich hat, was mit der von Männern (und auch von Frauen) so oft und viel beschworenen Männlichkeit. «Wo die sitzt», will sie ermitteln und im fotografischen Abbild fixieren. Das «Geheimnis» Mann lüften. Infolgedessen gehorcht das fotografische Vorgehen in der zweiten Phase des Unternehmens denn auch einer analytischen Leitidee. Ein systematisches Erkunden und Erforschen beherrscht es. Gespannte Wißbegier treibt es an, und eine wachsende Intimität ist die Konsequenz, die sich in den fotografischen Aufnahmen manifestiert. Aber kein Mißverständnis: Intimität ist nicht Indiskretion, verpönt ist nach wie vor das Prinzip der «versteckten Kamera».

Die Kamera rückt dem männlichen Gegenüber jetzt buchstäblich auf den Leib. Sie facettiert es, erfaßt die Einzelheiten: einen kahlen Schädel von hinten, ein energisch vorgerecktes Kinn von unten, eine hohe Stirn mitsamt einem Paar melancholischer Augen von vorn, eine geöffnete Achselhöhle mit einem Stück muskelbewegten Unterarm von der Seite. Es ist, als ob sie sich allmählich vortasten würde. Bis hin zu den primären erotischen Zonen. Stück um Stück wird «der Mann» zerlegt. Detail- und Nahaufnahmen, filmisch ausgedrückt, sind die entscheidenden stilistischen Mittel der Fotografin. Gleichsam Fotografie pur. Herlinde Koelbl verzichtet auf jedes vom eigentlichen Motiv ablenkende Beiwerk, verleiht ihm Lebendigkeit lediglich durch eine fein abgestufte Verteilung von Licht und Schatten. Trotz aller Abstraktheit, Folge der besonderen Bildausschnitte, tritt das körperhafte Moment der Fotografien plastisch hervor, stimuliert das haptische Sensorium der Betrachter. Körperlichkeit zum Anfassen.

Wen wird es überraschen, wenn die erotische Temperatur in diesem Werkabschnitt nach oben schnellt? Sie steigert sich noch in dem Maße, wie Herlinde Koelbl alle Zurückhaltung fahren läßt und die Grenzen überschreitet, welche die konventionelle Aktfotografie stets respektiert hat. Sie wagt sich auf ein neues Terrain. Natürlich – es wäre wirklich naiv, in diesem Kontext die Existenz der pornographischen Fotografie zu leugnen, angesichts derer von irgendwelchen Grenzen zu sprechen, sich von selbst verbietet. Aber der Unterschied zwischen pornographischen Bildern oder Bildern semipornographischer Provenienz und den Aktaufnahmen der Herlinde Koelbl ist gewaltig. Sie haben beinahe nichts gemeinsam. Wovon jene mehr als randvoll sind, sind die fotografischen Bilder der Koelbl vollkommen frei: vom Aspekt des Spekulativen. Ihre Aufnahmen stacheln keine Affekte an, die sie hinterher doch nur enttäuschen. Sie versprechen nichts; schon gar nichts, das sie ohnehin nicht einhalten können. Dennoch sind ihre Bilder erotische Bilder, kein Einwand. Doch weder verharmlosen sie die Wirkungsmacht des Sexuellen, noch schlachten sie diese um eines vordergründigen Effekts willen aus. Wohlgemerkt indes: Die Differenz ist keine Frage der Moral! Denn die Wand ist durchlässig. Wie durchlässig, illustriert die Definition, die Philippe Ariès für die Erotik getroffen hat. Er definiert Erotik als «ein Ensemble von Praktiken, die den Koitus hinauszögern, wenn sie ihn nicht gänzlich vermeiden, und zwar mit dem Ziel, besser und länger zu genießen, also ausschließlich der Lust wegen».

Zweifellos können Herlinde Koelbls fotografische Männerakte Lust erregen. Wobei sie sich um moralische Kategorien nicht scheren. Der männliche Narziß präsentiert mit unverhohlener Selbstverliebtheit seine Pracht, und die Kamera gibt das Schauspiel mit ungetrübter Faszination wieder. Aber sie ist nicht aufdringlich, zudringlich, indiskret wie die Kamera eines Pornofotografen. Sie ist vielmehr der eigentliche Auslöser der Demonstration, und das fotografische Medium, dessen Apparat die Kamera ist, wirft sozusagen die Projektionsfläche ab, auf welcher sich der männliche Narziß zu produzieren vermag. Zum wiederholten Male eine Verkehrung des Blickwinkels. Nicht der Protagonist der fotografischen Aufnahme ist Gegenstand voyeuristischer Augenlust oder, platt gesagt, der Ausgebeutete. Wenn überhaupt sind es die Betrachter der Aufnahmen. Denn sie werden unversehens in die Rolle von (freiwilligen) Zeugen eines exhibitionistischen Akts gedrängt.

In der dritten Phase des Projekts verdichtet sich die Tendenz zum Körperhaften, zum Ausdruck der Gewalt des Physischen. Die Übergänge sind allerdings fließend. Mitunter rechtfertigen die Bilder auch den ursprünglichen Gattungsbegriff, der ja eine Handlung einschloß. Ein Mann umarmt einen anderen Mann, eine Geste voller Zärtlichkeit; die Zungenspitze eines Mannes berührt das Ohrläppchen eines anderen Mannes, eine Geste, sowohl zärtlich als auch schon Vorspiel auf dem Wege zur sexuellen Erfüllung. Die Bilder vibrieren förmlich, ihre erotische Spannung äußert sich unmittelbar.

Herlinde Koelbl erstattet der Aktfotografie die erotische Würde zurück, die erotische Aura. Den Aufnahmen haftet nichts von jener keimfreien Atmosphäre an, die fotografischen Aktdarstellungen gemeinhin eignet. Keine ätherischen Wesen, die Personifikationen eines nebelhaften Schönheitsideals sein sollen, das – zufälligerweise? – dem vorherrschenden Typus der Bekleidungs- und Kosmetikindustrie entspricht, tummeln sich hier, sondern Menschen in ihrer ganzen Fleischlichkeit. Kaum möblierendes Inventar verzeichnen die fotografischen Bilder, nichts lenkt die Aufmerksamkeit der Betrachter von der «Hauptsache» ab. Die Aufnahmen stacheln Verlangen und Leidenschaft an. Wer wird das ernsthaft leugnen? «Denn die Leugnung von Leidenschaft und Heftigkeit beraubt uns der Grenzüberschreitung, die Sexualität sein kann», bemerkt Alice Schwarzer.

Die Fotografin hat die überkommene Verteilung der Rollen in der Kunst, die von der Fotografie lediglich prolongiert werden, durchbrochen. In der Beziehung zwischen Maler und Modell war dem – selbstredend weiblichen – Modell der Part des passiven Objekts zugefallen; Antipode des Mannes, der den Geist repräsentierte und darüber hinaus auch noch den handelnden Part innehatte. Suzanne Valadon, zunächst das Modell so namhafter Künstler wie Puvis de Chavannes oder Auguste Renoir, später durch Unterweisung ihrer Künstlerfreunde (zudem häufig Geliebten) und kraft eigener Anstrengung eine Künstlerin von Rang, hatte für ihre Gemälde nur zwei männliche Aktmodelle zur Verfügung: einen Freund und ihren Sohn, Maurice Utrillo. Die vielen Künstlerfreunde, die ihren nackten Körper gemalt hatten, weigerten sich, gleiches mit gleichem zu vergelten. Der Maler malt, und die Frau läßt sich malen – basta! Die schweren Erschütterungen der vergangenen Jahrzehnte haben manche Stütze des alten Gesellschaftsgefüges zum Einsturz gebracht. Sie haben auch das Verhältnis der Geschlechter neu geregelt. Trotzdem: Wäre dieses Verhältnis wirklich und grundlegend neu geregelt, würden wir (Männer und Frauen) uns nicht darüber wundern, daß plötzlich eine Frau, eine Künstlerin, eine Fotografin, das Heft ergriffen und entschlossen den «Mann» zum Modell gemacht hat. Zwar fertigt sie keine Bilder nach dem Muster Maler und Modell mit vertauschten Rollen an. Aber sie ist die Handelnde hinter der Kamera, sie konzipiert die Spielleitung, wiewohl sie ihren Protagonisten reichlich Gelegenheit zur Selbstentfaltung einräumt. Und ihr gelingt es schließlich, einen großen Fotografen vor die Kamera zu «zitieren»: Robert Mapplethorpe.

Nach wie vor ist das Problem der männlichen Erotik mit der Machtfrage verquickt. Herlinde Koelbl arbeitet dies in der vierten und letzten Phase ihrer umfänglichen Recherche über die Männlichkeit heraus. Das Klima der Aufnahmen ist mitunter unverhohlen aggressiv. Der Macho triumphiert, der Penis wird zur Waffe. Die Fotografien vermitteln eine Ahnung vom grassierenden Männlichkeitswahn, wonach sich die ganze Welt um die *eine* Achse dreht. In diesen Bildern tritt die Janusköpfigkeit der männlichen Sexualität hervor; liebevollen Schutz und Zärtlichkeit verheißend, doch nicht eben selten Unterwerfung verlangend. Erinnerungen an die antiken Phalluskulte tauchen auf, an einen Mythos, in dem sich die Vorstellung spiegelte, wonach Frauen, Kinder und Sklaven dem Manne verfüg- und dienstbar zu sein hatten. Im Römischen Recht zum Beispiel gebot allein die Ehefrau über gewisse Rechte. Nur sie vermochte die Scheidung zu vollziehen, indem sie ihre Mitgift zurücknahm. Diese Aufnahmen strahlen aber andererseits eine ungeheure erotische Kraft aus, nahezu ungebrochen. Bei aller Bedrohlichkeit fesselnd. Bei aller Angriffslust auch verletzbar. Herlinde Koelbl mildert den erotischen und sexuellen «Impact» ihrer Fotografien nicht wie Robert Mapplethorpe durch überfeinerte ästhetische Stilisierungen. In ihren Bildern schwingt dagegen etwas mit von den unbegreiflichen Abgründen menschlicher Sexualität, von der ewigen Verbindung des körperlichen Eros mit der Gewaltsamkeit und dem Tod.

«Alles, was die Erotik aufbietet, hat zum Ziel, das Wesen im Allerinnersten zu treffen, dort, wo uns der Mut verläßt. Der Übergang vom Normalzustand zu dem des erotischen Verlangens setzt in uns eine verhältnismäßige Auflösung des im Diskontinuierlichen konstituierten Selbst voraus. Der Begriff Auflösung entspricht dem umgangssprachlichen Begriff des losen Lebens, den man mit der erotischen Aktivität verbindet. In dem Auflösungsprozeß der Wesen kommt gewöhnlich dem männlichen Partner die aktive Rolle zu; die weibliche Rolle ist passiv. Im allgemeinen ist es der passive, weibliche Teil, der in seiner Eigenschaft als einmal konstituiertes Wesen aufgelöst wird. Doch für einen männlichen Partner hat die Auflösung der passiven Seite nur einen Sinn: Sie bereitet ein Verschmelzen vor, in dem sich zwei Wesen mischen, die zum Schluß gemeinsam denselben Grad der Auflösung erreichen. Der ganze Aufwand der Erotik ist im Grunde nur darauf ausgerichtet, die Struktur jedes abgeschlossenen Wesens zu zerstören, das die Partner des Spiels im Normalzustand sind.»

Georges Bataille hat die unaufhebbare Ambivalenz der körperlichen Erotik wie kein zweiter erkundet und in begriffliche Sprache zu fassen versucht. In den hocherotischen Männerakten der vierten Werkphase des Projekts von Herlinde Koelbl erlangt diese schillernde Mehrdeutigkeit anschauliche Gestalt. Allerdings schürzt die Fotografin den Knoten noch zusätzlich, indem sie ausschließlich die Gesichtspunkte des Genusses und der Lust betont, körperliche Erotik und Fortpflanzung voneinander scheidet. Nicht Mann und Frau, zwei Männer sind die Protagonisten einiger fotografischer Aufnahmen. Weiß der eine, schwarz der andere. Beide berühren sich mit hingebungsvoller Sanftheit, doch sie tragen das Stigma des Todes, des gewaltsamen Todes; den Strick um den Hals der Schwarze, die schwarze Kapuze über dem Kopf der Weiße, die der Henker dem Delinquenten kurz vor der Hinrichtung überstülpt. Gleichzeitig Bilder voller Teilnahme und Trauer über menschliche Ausweglosigkeit; hintergründig komplexe Bilder, die nicht aufgehen würden in der Rechnung einer spekulativen Aktfotografie. Die Fotografin lotet die vielfältigen Bezüge und die inneren Spannungen dieser besonderen Gattung der Kunst aus. Sie thematisiert sowohl die erotisch-sexuellen Verwicklungen als auch die Komponenten der Gewalttätigkeit und des gewaltsamen Todes; und sie zeigt ebenso die kaum erwachte erotische Ausstrahlung der Kinder wie die abgeklärte erotische Schönheit der Alten.

In keiner Aufnahme, durch keine Andeutung in der Inszenierung der bildnerischen Gegebenheiten und in den Arrangements der männlichen Körper erhebt sich Herlinde Koelbl über ihr Sujet. Sie vermeidet den Gestus des scheinbar Objektiven, sie schließt sich vielmehr ein in den Prozeß der fotografischen Praxis: Die eigene Befangenheit, die schrittweise errungene

Sicherheit, ihre Betroffenheit und auch Faszination, ihre Subjektivität und persönliche Einstellung sind sichtbar. Eine Frau, eine Fotografin richtet ihre Augen auf die männliche Nacktheit, eine Frau, die weiß, daß sie sich in unerforschtes Gelände begibt. Seit die Götter und Heroen der Mythologie aus den Bildern verschwunden sind, ist es nackt nur die Frau, die das Feld behauptet. Was oberflächlich wie ein Triumph wirkt, signalisiert in Wahrheit eine gesellschaftliche Herabstufung. Kennzeichnenderweise büßen die konventionellen Aktbilder auch das Motiv des Handelns ein, der Aktion. Die Frau denaturiert zum Objekt, Auslöser männlicher Begierde, Gegenstand und Modell männlicher Schönheitsvorstellungen, bereit, um begutachtet zu werden. Als weibliches Geschlechtswesen ist Herlinde Koelbl also schon eine Betroffene. Und als solche begriff sie sich offenbar auch, als sie sich ihr Thema aussuchte. So ist die Autorin in ihren Bildern stets gegenwärtig; mit polemischen Absichten in der ersten Werkphase, als jemand, der sich auf seine Wahl intensiv einläßt, in der zweiten, mit kreativer Leidenschaft zum Schluß.

Wenn wir die verschiedenen Stadien des Ablaufs genauer betrachten, besticht uns die wachsende Selbstsicherheit der Fotografin. Die frühe Polemik wandelt sich Stück um Stück in Ironie, die gelegentlich sarkastische Töne anschlägt, und die anfängliche Neugierde in massives Interesse. Simultan verdichten sich die «handschriftlichen» Merkmale der Aufnahmen, diese geraten persönlicher. Die Fotografin begegnet der offenen, der bedingungslosen, der unverstellten, der «werbenden» Nacktheit mit außerordentlichem Einfühlungsvermögen, mit Zärtlichkeit und Zuneigung; wohingegen sie die maskuline Aggressivität oder Selbstdarstellungssucht zumeist durch Ironie bricht. Zärtlichkeit und Ironie sind gleichsam die Markenzeichen von Herlinde Koelbls Männerakten.

Zwei signifikante Beispiele für den Einsatz der Ironie: Auf einer Aufnahme reckt uns zwischen den mächtigen Schenkeln eines männlichen Torsos anstelle der erwarteten Manneszier ein eitler Hahn sein Haupt entgegen. Der Hahn, das Symbol des Stolzes und überpointierter Männlichkeit. Und für Robert Mapplethorpe erfand Herlinde Koelbl eigens ein paar langfingrige Handschuhe, bewehrt mit messerscharfen Spitzen. Ein Doppelfang: Herlinde Koelbl versieht die narzißtische Attitüde des bedeutenden Fotografen mit ironischen Spitzlichtern und spielt obendrein auf die unverhüllte Aggressivität und Macho-Mentalität seiner erotischen (Männer)-Fotografien an. Mit dem Florett der Ironie konterkariert sie die Herausforderungen einer überbordenden Männlichkeit. Eine Frau, könnte man Karsten Wittes Charakterisierung der Carmen in Jean-Luc Godards Film «Vorname Carmen» paraphrasieren, «nimmt den Männern das Heft, in dem die Wünsche reguliert sind, aus der Hand. Sie hat Lust… der Welt zu zeigen, was eine Frau mit einem Mann alles machen kann.»

Herlinde Koelbl eröffnet ein neues Kapitel in der Aktfotografie. Was sie bewerkstelligt hat, ist eine Pioniertat. Lediglich in der Grafik vergangener Zeiten und sporadisch auch in der Malerei finden sich Bilder, die es hinsichtlich erotischer Ausstrahlung, sinnlicher Kraft und schillernder Ambivalenz mit ihren Fotografien aufnehmen können. «Lust allein genügt nicht: Sie der Welt zu zeigen, ist entscheidend», lautet der nächste Satz im Text Karsten Wittes. Und, wie er hinsichtlich des Films, können wir hinzufügen: jedenfalls für eine Reihe erregender fotografischer Aufnahmen.

Bonn, im Juli 1984

Bildverzeichnis

Titel – André P.

25 Thomas Köppel, 1982, München
26 Freddy Langer, 1982, Frankfurt
27 Alfons Merriere, 1982, Zürich
28 Manfred Schneider, 1983, München
29 Manfred Schneider, 1983, München
31 Avril Pascal, Rudi Buzasi, 1983, München
32 Rudi Buzasi, 1983, München
33 Rudi Buzasi, 1983, München
34 Manfred Schneider, 1983, München
35 Manfred Schneider, 1983, München
36 Christian Kohlmann, 1982, München
37 Christian Kohlmann, 1982, München
39 Christian Kohlmann, 1982, München
41 Frank Gewehr, 1983, New York
43 Frank Gewehr, 1983, New York
44 Michael Ratajczak, 1982, München
45 Michael Ratajczak, 1982, München
47 Michael Ratajczak, 1982, München
48 Rene Garralon, Karim Messman,
   Régis Brachet, 1983, Paris
49 Rene Garralon, Karim Messman,
   Régis Brachet, 1983, Paris

51 Karim Messman, 1983, Paris
53 Karim Messman, 1983, Paris
54 Karim Messman, 1983, Paris
55 Karim Messman, 1983, Paris
56 Michael Ratajczak, 1983, München
57 Michael Ratajczak, 1983, München
59 Michael Ratajczak, 1983, München
61 Rene Garralon, 1983, Paris
63 Charles Williams, 1984, München
64 Michael Ratajczak, 1983, München
65 Michael Ratajczak, 1983, München
67 Karim Messman, Régis Brachet,
   Rene Garralon, 1983, Paris
68 Charles Williams, 1984, München
69 Charles Williams, 1984, München
71 Charles Williams, 1984, München
72 Charles Williams, 1984, München
73 Charles Williams, 1984, München
75 Alexandru Turanjan, 1983, München
77 Charles Williams, 1984, München
79 Rene Garralon, Régis Brachet, 1983,
   Paris
80 Rene Garralon, Karim Messman, 1983,
   Paris

81 Rene Garralon, Karim Messman, 1983, Paris
82 Rene Garralon, Karim Messman, 1983, Paris
83 Rene Garralon, Karim Messman, 1983, Paris
85 Alexandru Turanjan, 1983, München
87 Rene Garralon, Karim Messman, 1983, Paris
88 Robert Mapplethorpe, 1983, New York
89 Robert Mapplethorpe, 1983, New York
91 Peter Dangelmaier, 1983, München
92 Peter Dangelmaier, 1983, München
93 Peter Dangelmaier, 1983, München
94 Alexandru Turanjan, 1983, München
95 Michael Ratajczak, 1983, München
96 Lamak Kourian, 1984, Casablanca
97 Lamak Kourian, 1984, Casablanca
99 André P., 1984, München
101 Marcello Cima, 1983, Ansedonia
102 Marcello Cima, 1983, Ansedonia
103 Marcello Cima, 1983, Ansedonia
104 Lonnie L., 1982, Venedig
105 Lonnie L., 1982, Venedig

106 Alfons Merriere, 1982, Zürich
107 Lonnie L., 1982, München
109 Lonnie L., 1982, München
111 Jack Welpott, 1982, Arles
112 Hermann Dollinger, 1983, München
113 Hermann Dollinger, 1983, München
115 Pit Aldino, 1983, New York
116 Norman Kory, 1981, New York
117 Erik Bacher, 1980, Salzburg
119 André P., 1984, München
120 André P., 1984, München
121 André P., 1984, München
123 Lamak Kourian, 1984, Casablanca
124 Lamak Kourian, 1984, Casablanca
125 Lamak Kourian, 1984, Casablanca
127 Lamak Kourian, 1984, Casablanca
128 Dale Triguero, 1983, New York
129 Stephan Meyer, 1984, Berlin

(Ledermasken und Handflügel
von Ute Eisenhardt, Stuttgart)

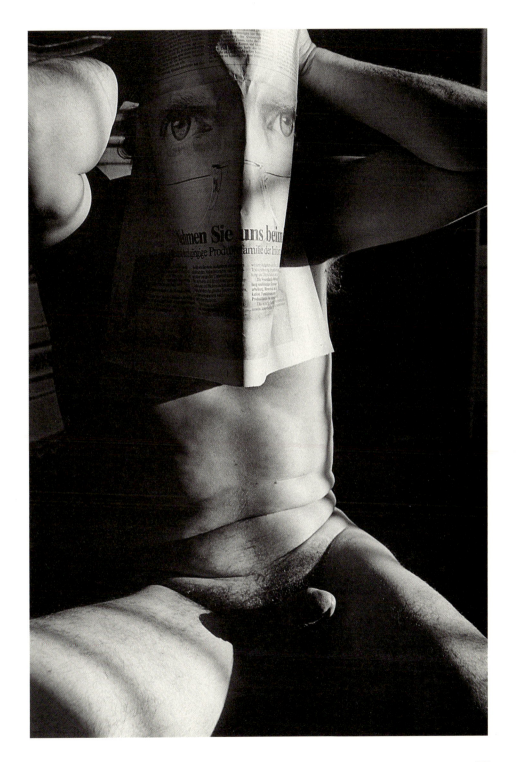

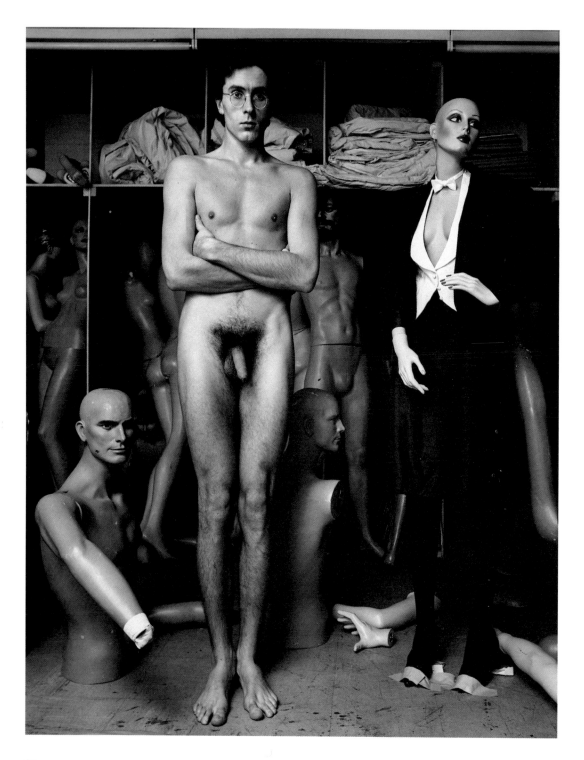

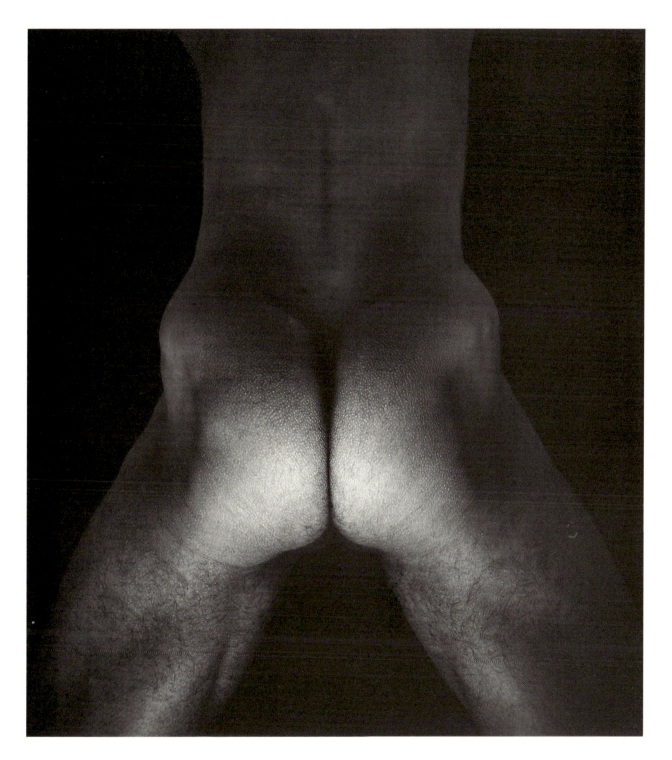

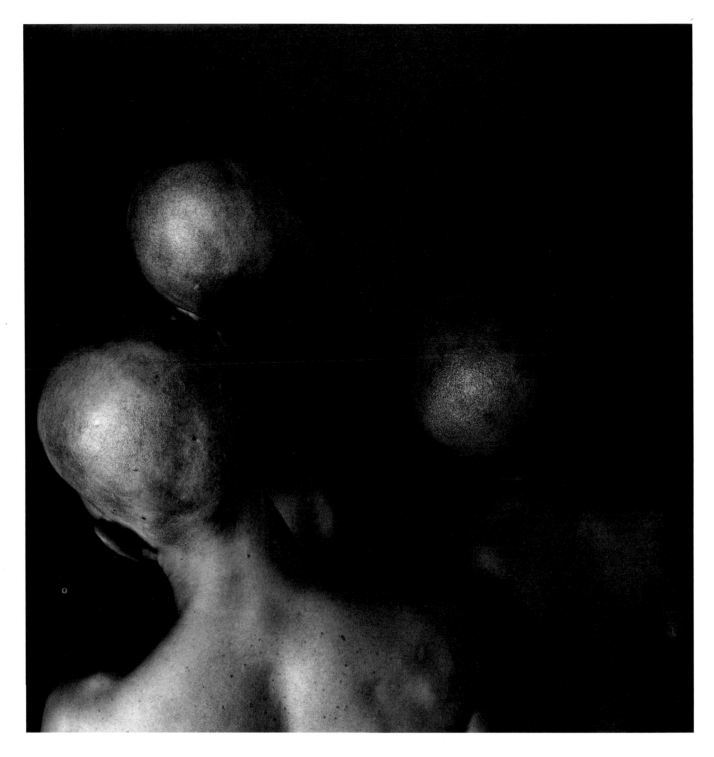

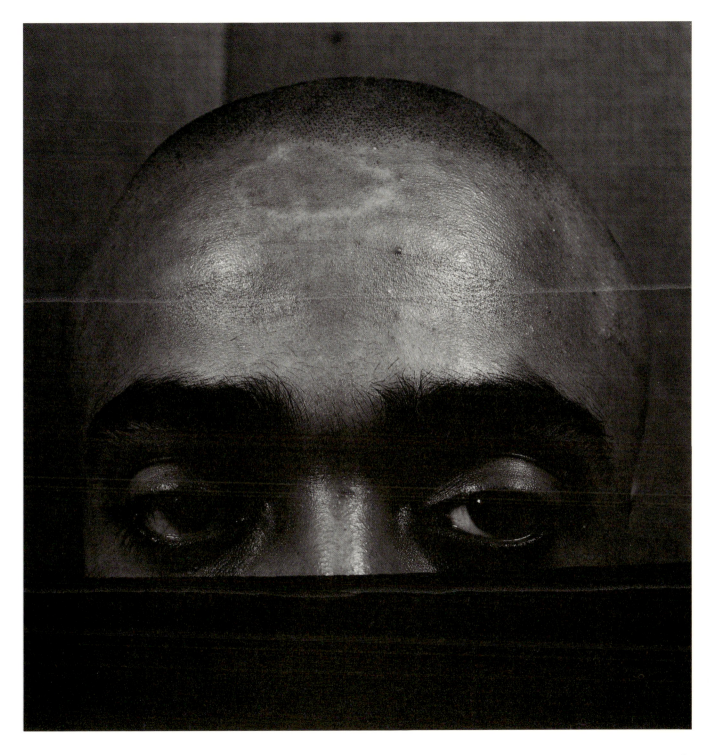

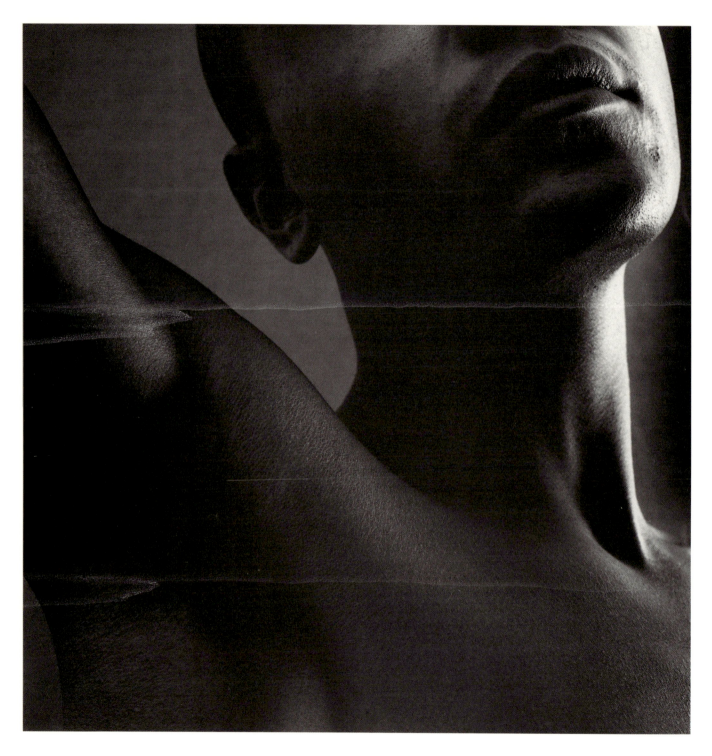

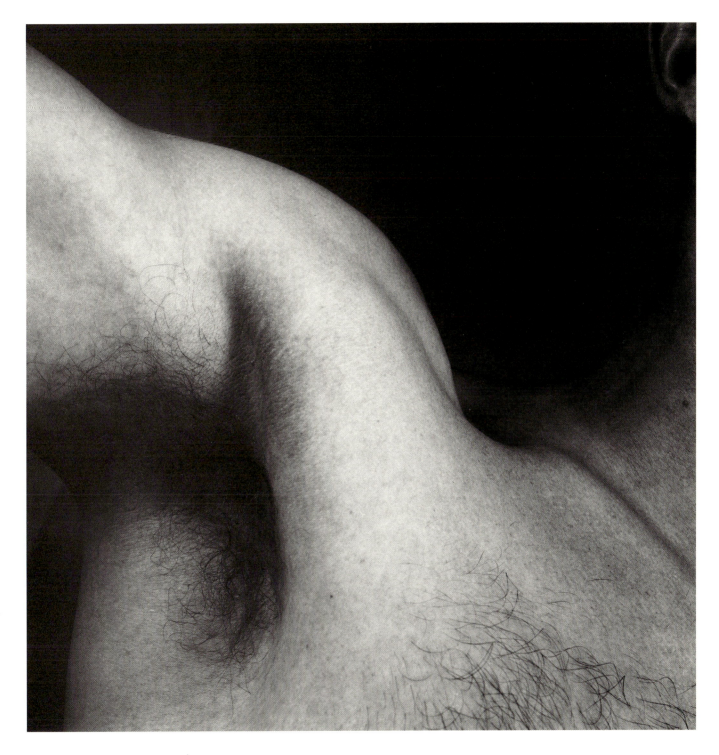

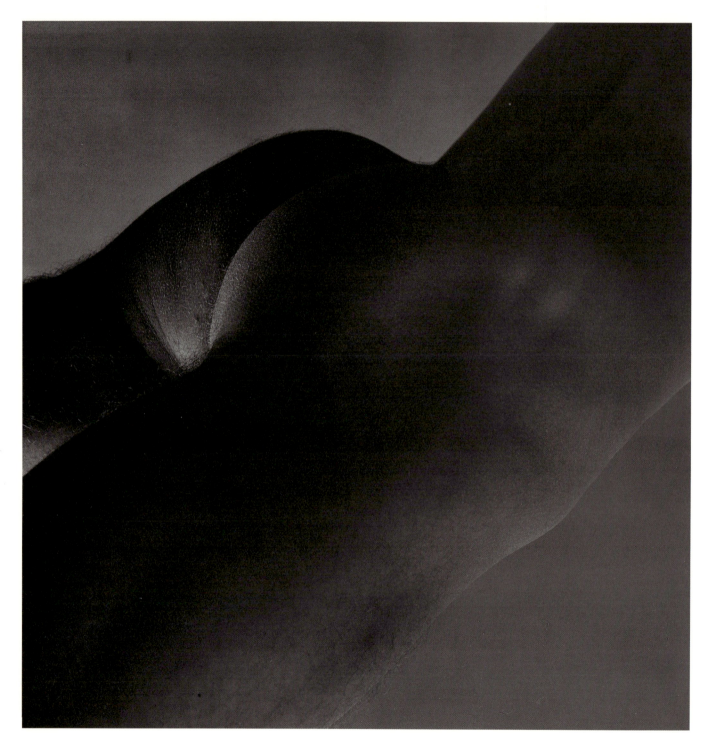

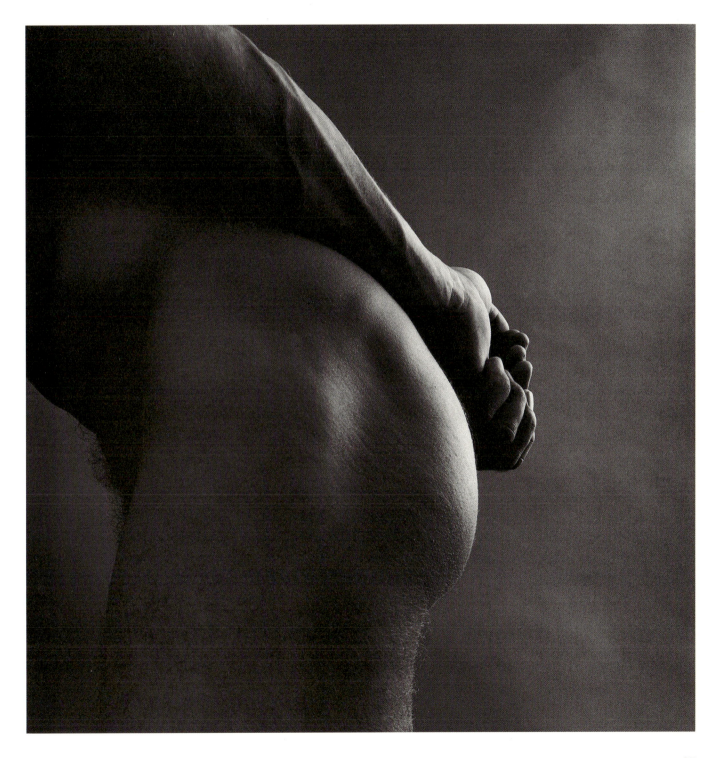

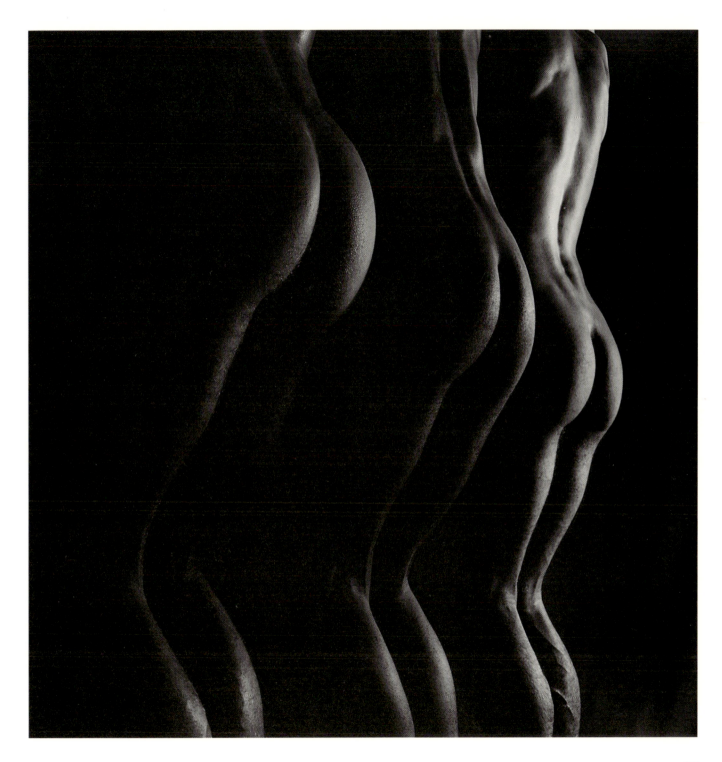

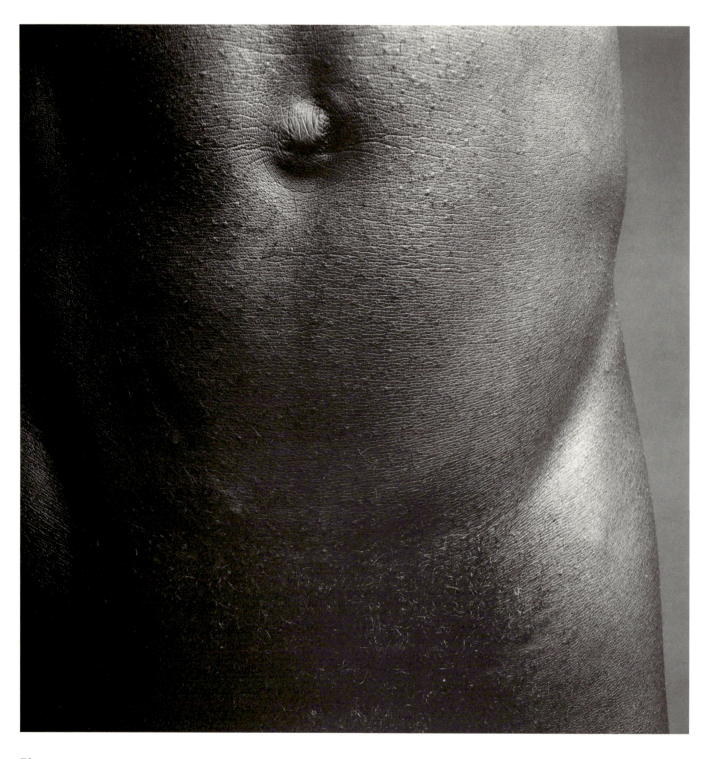

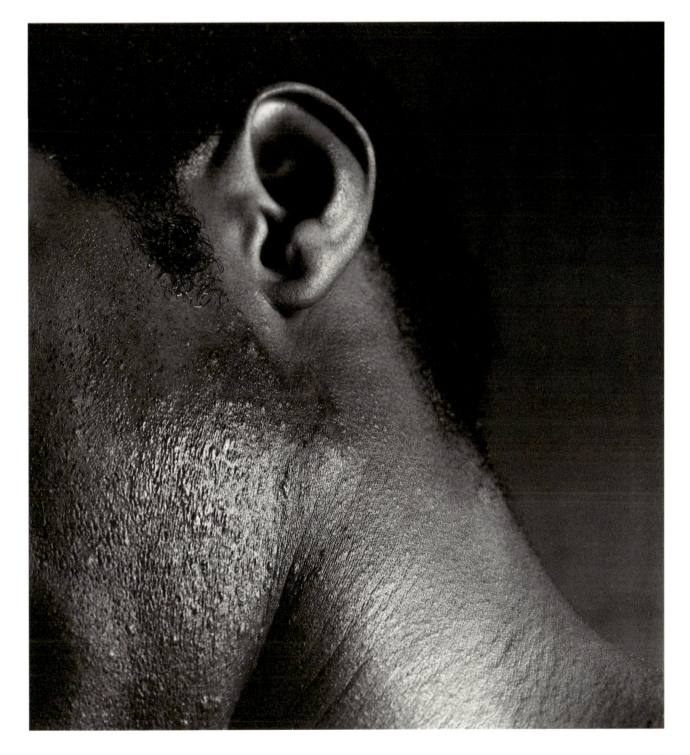

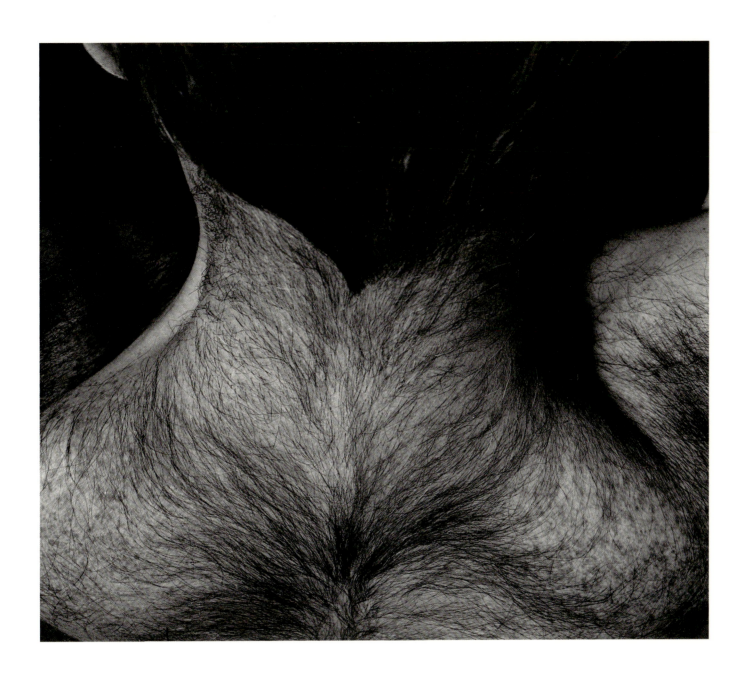

75

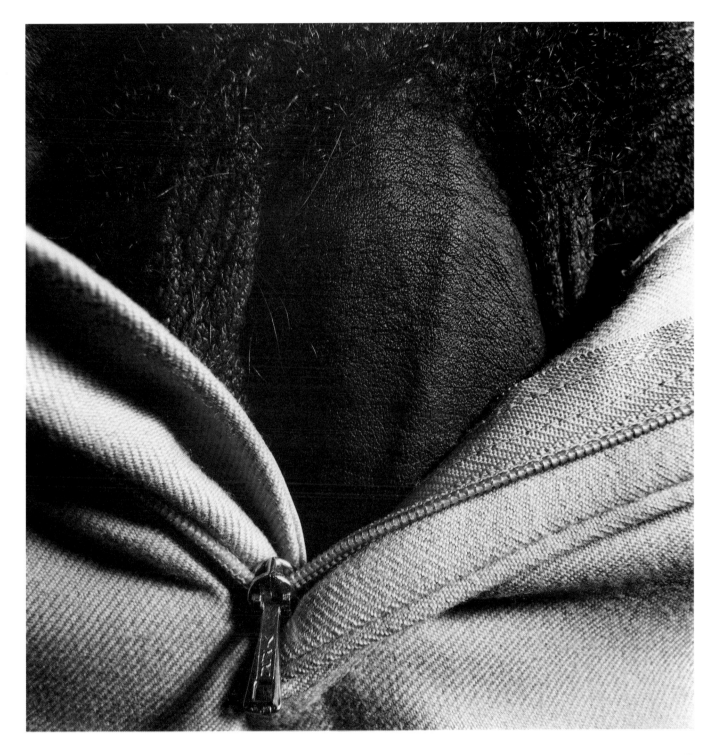

77

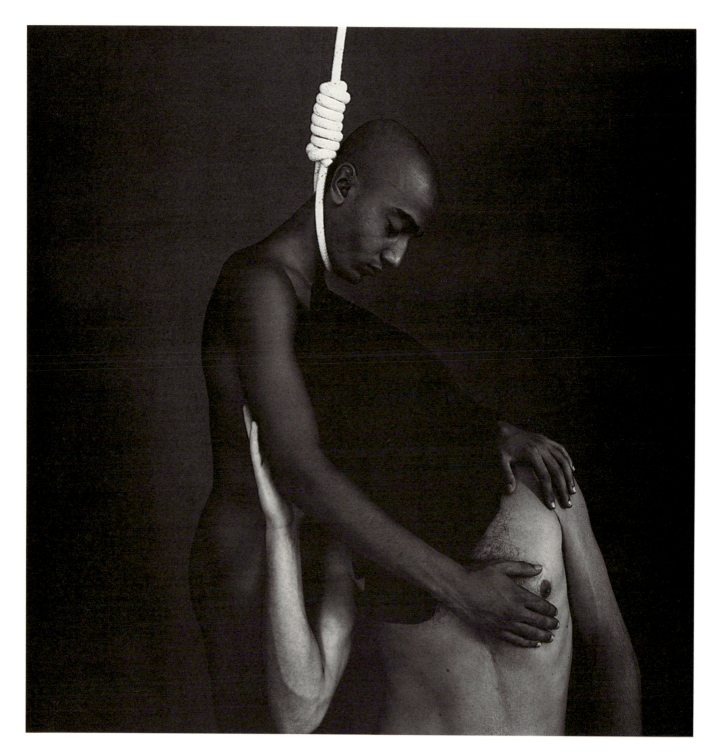

83

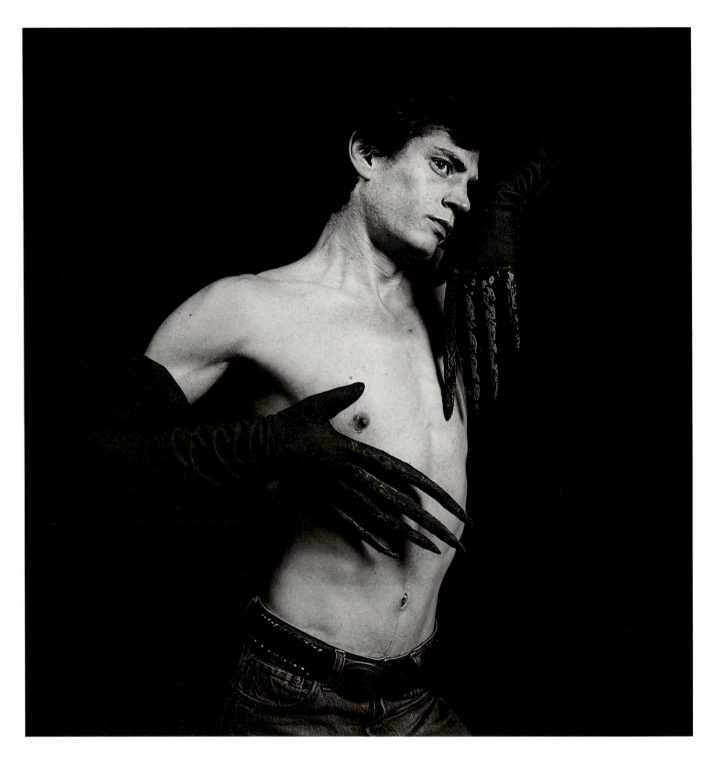

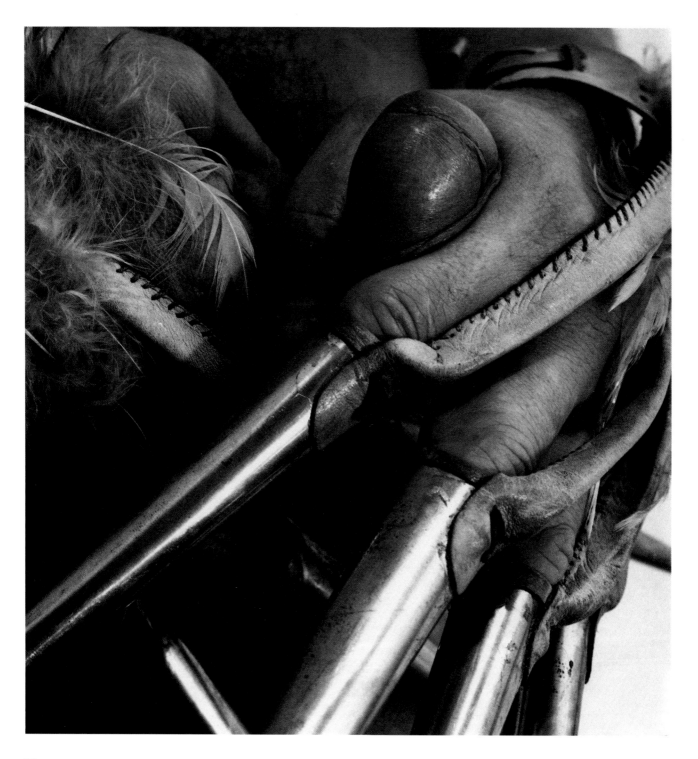

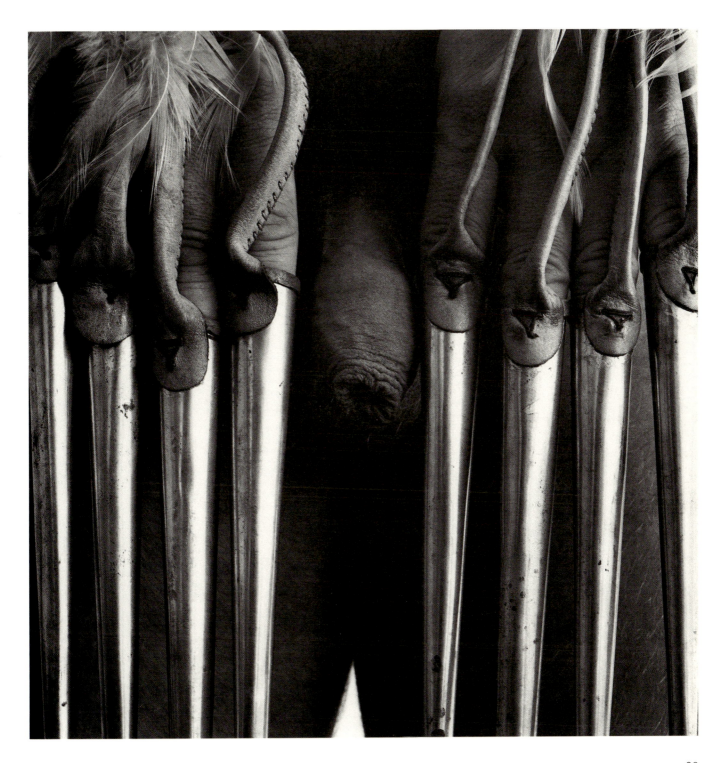

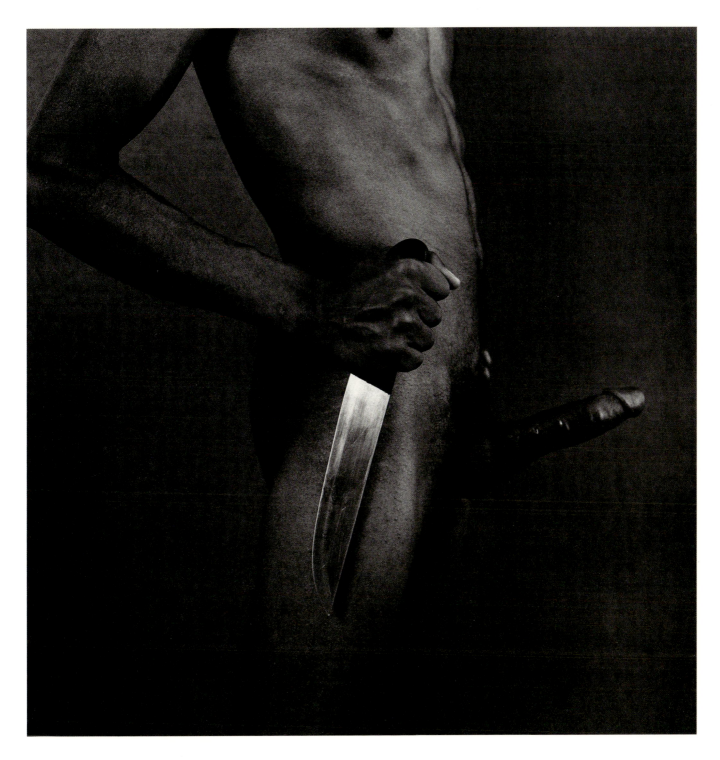

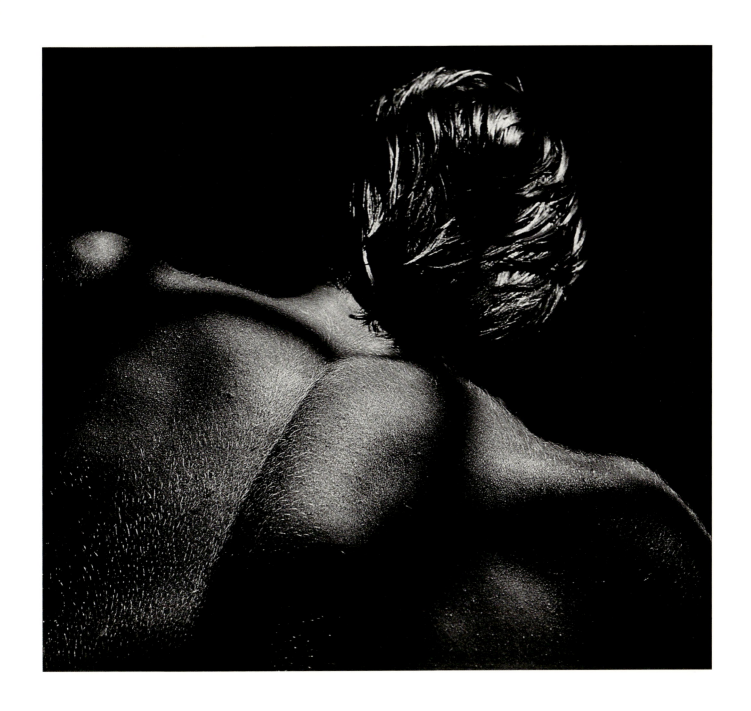

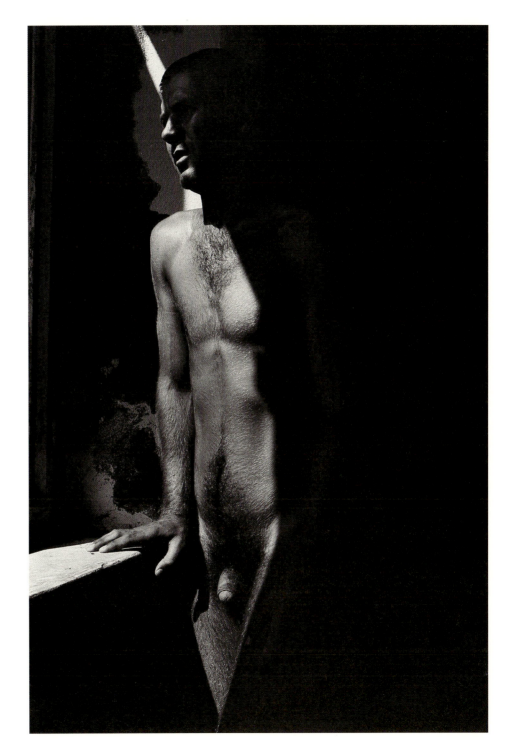

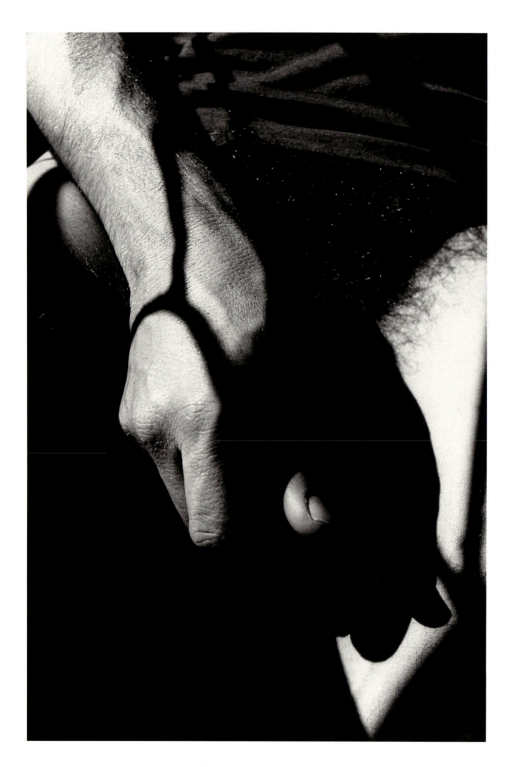

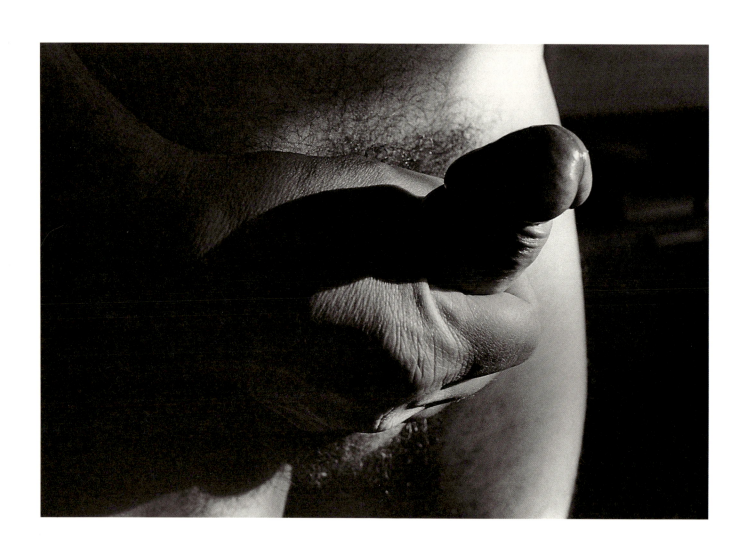

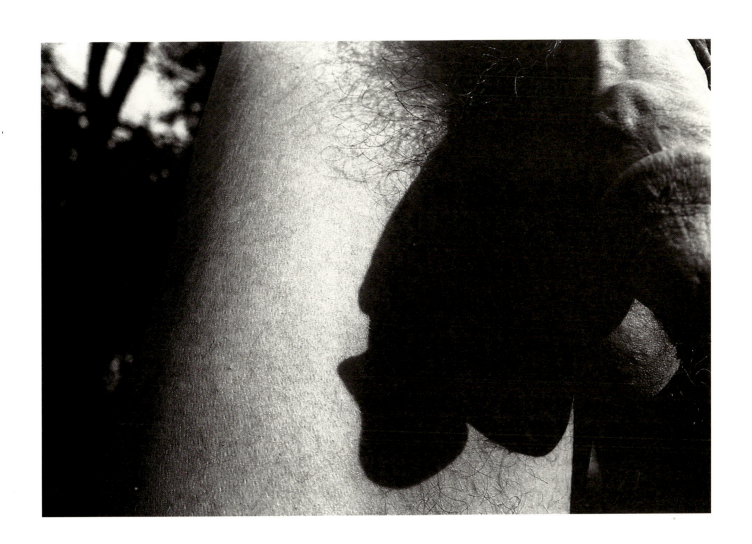

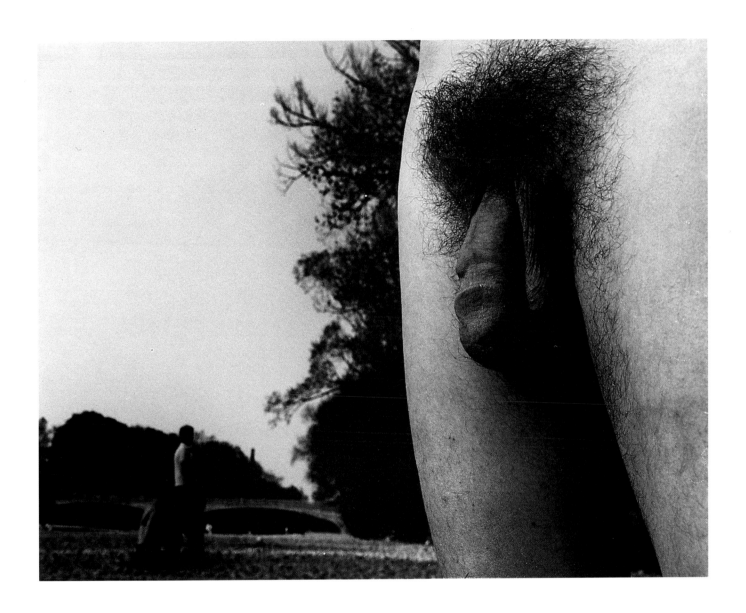

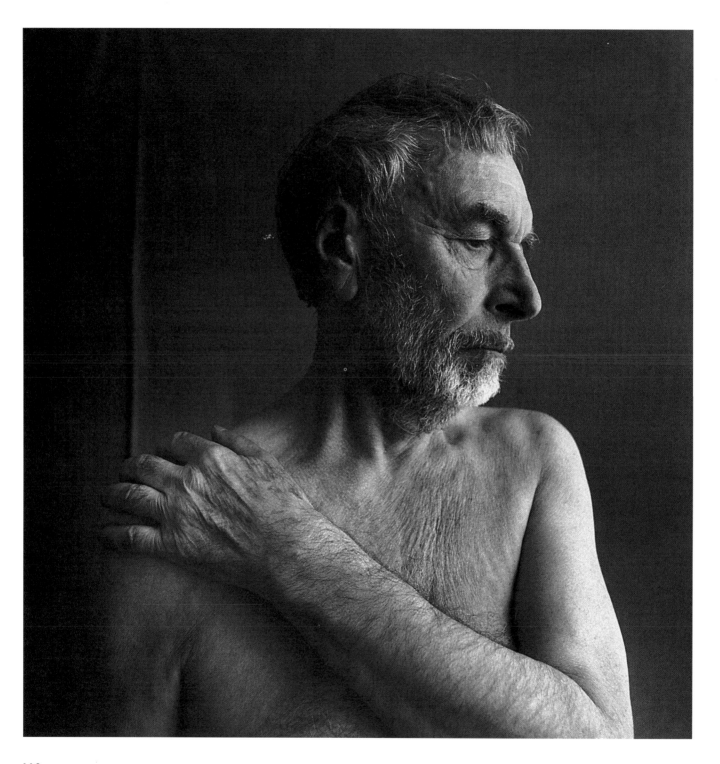

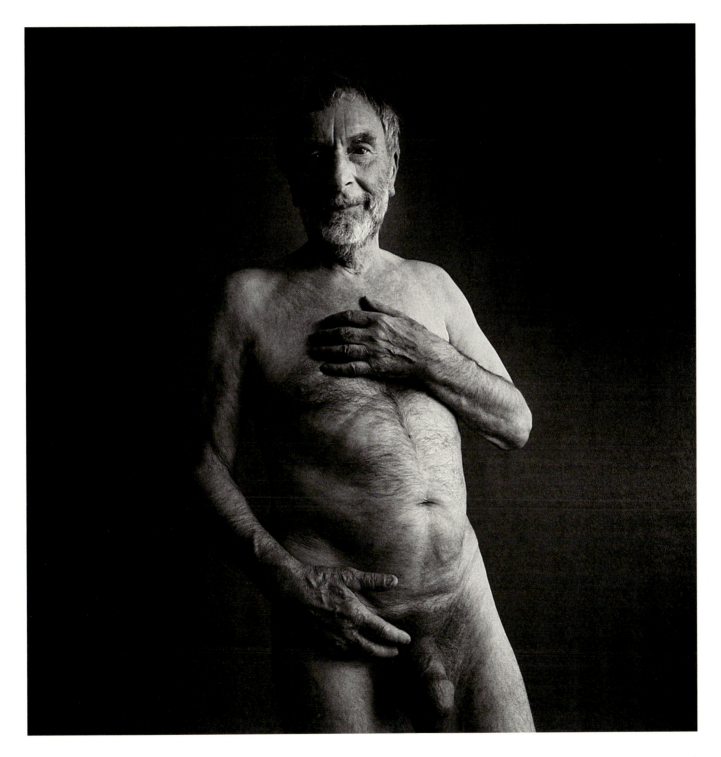

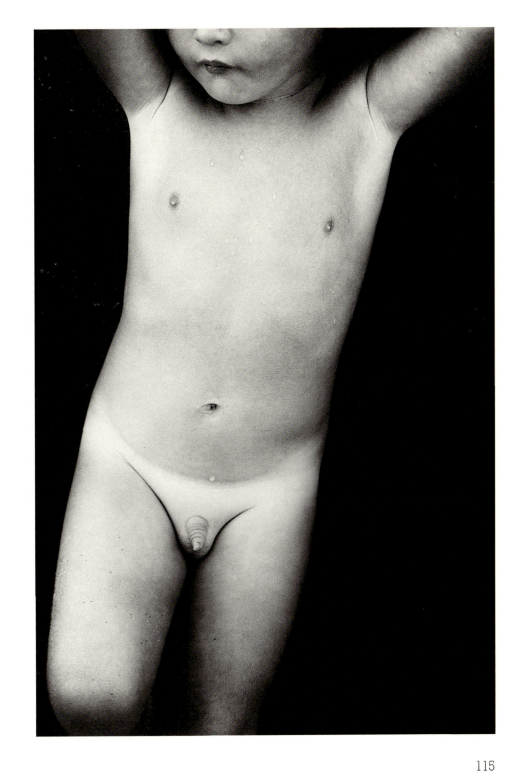

116

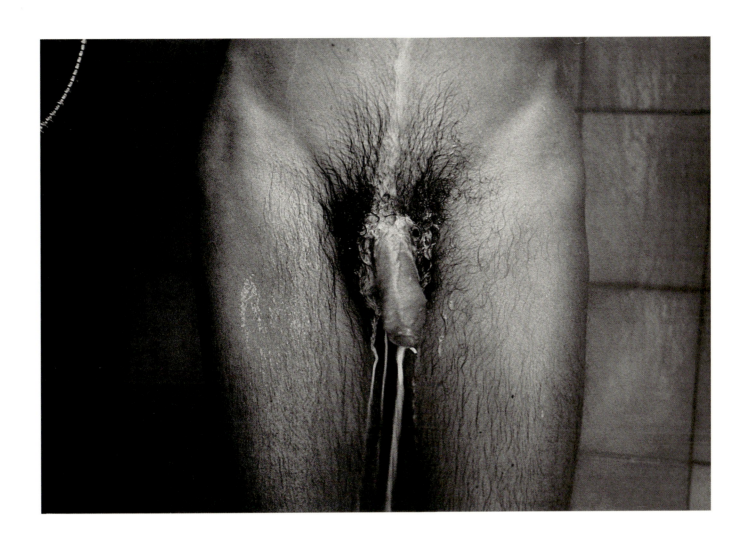

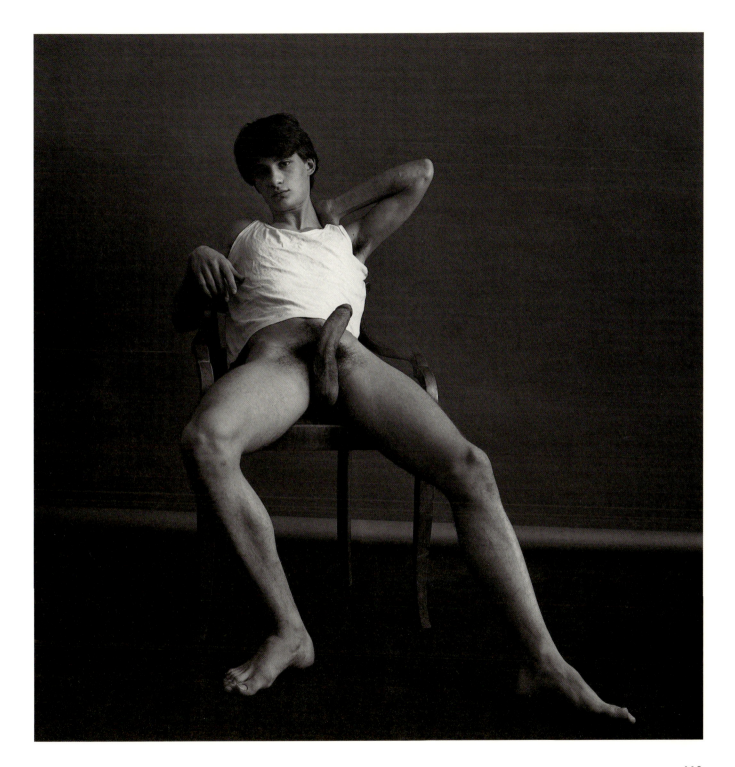

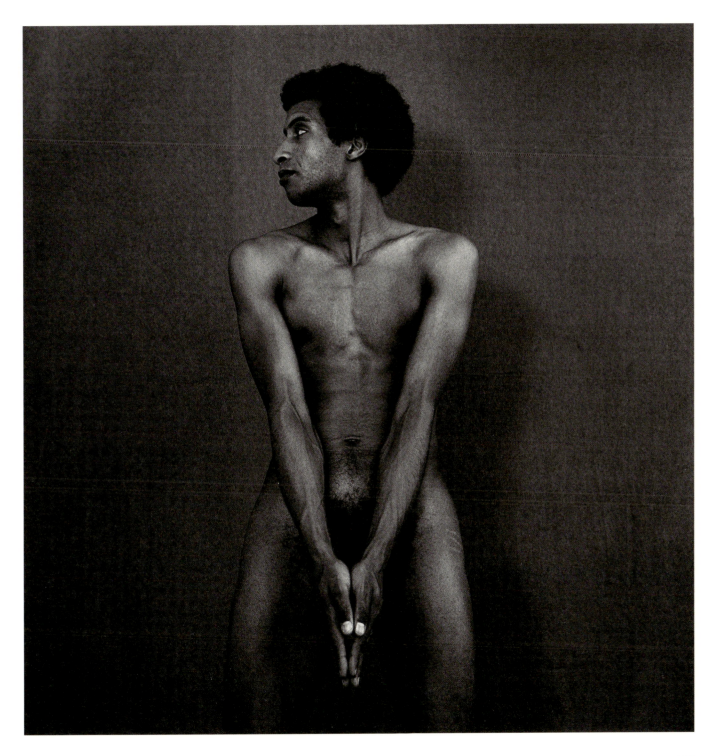

123

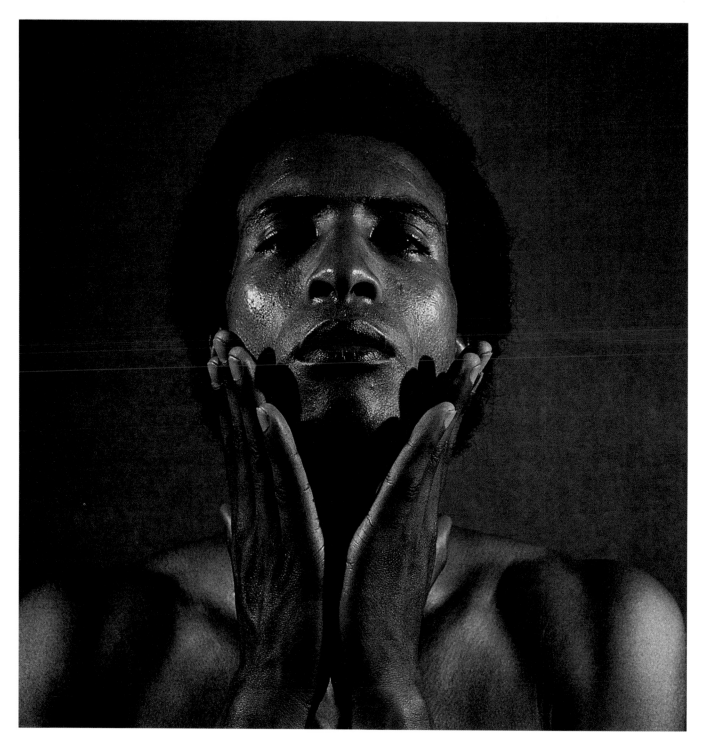

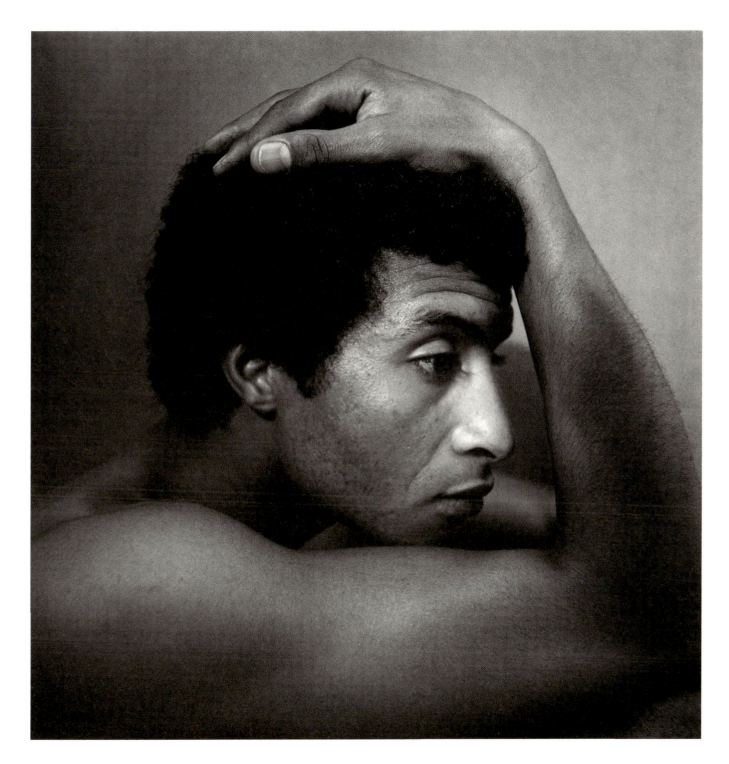

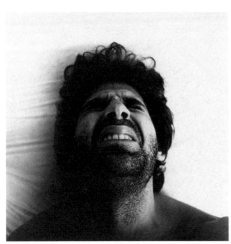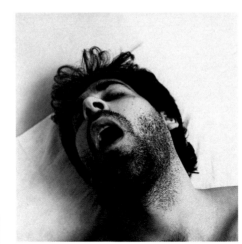

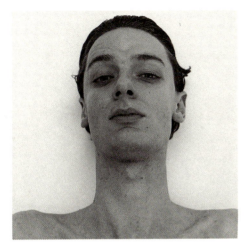 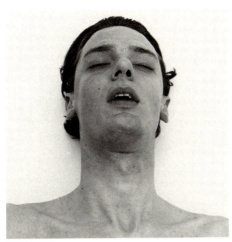 
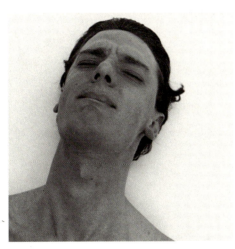 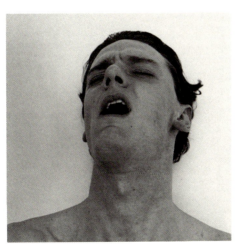 

«wann ist ein mann ein mann?»

Cora Stephan

DER BLICK

«männer kaufen frauen
männer stehn ständig unter strom
männer baggern wie blöde
männer lügen am telefon
männer sind allzeit bereit
männer bestechen durch ihr geld
und ihre lässigkeit
männer haben's schwer, nehmen's leicht
außen hart und innen ganz weich
werden als kind schon auf mann geeicht
wann ist man ein mann»

Als Kind hielt frau sich die Augen zu in der festen Überzeugung, nun ihrerseits nicht sichtbar zu sein.

Als Mädchen wandte frau den Blick ab, um nichts sehen zu müssen, was sie erschrecken könnte.

In der Blüte ihrer Jahre ist frau der bestimmten Auffassung, daß dort, wo ihr leuchtender Blick nicht hinfällt, sich auch nichts befindet.

Man nennt das Magie.

Blick zurück.
Ein Blick genügte – jener eine, der buchhalterisch in Augenschein nahm und eine mit verächtlich herabgezogenen Mundwinkeln vorgebrachte bündige Bilanz ergab: Er ist es nicht wert. Er ist nicht, wie er vorgibt, Ebenbild Gottes, die Krone der Schöpfung. Er ist ein rasierter Affe, ein Unfall der Geschichte, ein verkrüppeltes Chromosom, ein Irrtum der Schöpfung. Der Mann ist Unter-Mensch und wird nur Mensch, wenn er Mann sein nicht will.

Da war ein Rauschen wie von Vogelschwingen, als frau ihm in einer einzigen vielköpfigen Bewegung den Rücken kehrte und sich den wahren menschlichen Belangen zuwandte: den ihren. Es galt, die Geschichte neu zu schreiben, das Leben neu zu erfinden, die Liebe neu zu entdecken, die Schöpfung zu wiederholen. Der Mann kam darin nicht vor.

Höchstens: als Verräter. Als Kollaborateur. Als Selbstverleugner. Als verlachter Fremder, der sich, von besten Absichten getragen, in Eingeborenengewänder hüllt, die ihn den Eingeweihten als Eunuchen zu erkennen geben. Als kläffender Köter, der die Karawane eine kurze Zeit geduldet begleiten darf.

Der Mann?

Und er ward nicht gesehen.

DIE MASKE

«männer führen kriege
männer sind schon als baby blau
männer rauchen pfeife
männer sind furchtbar schlau
männer bauen raketen
männer machen alles ganz genau»

Es ist hart an der Zeit, wieder hinzusehen, das Urteil zu überprüfen. Denn die Magie war Illusion: Es gibt sie noch, die Männer. Sie sind ganz und gar nicht verschwunden, im Gegenteil: Während der Blick nicht auf ihnen ruhte, haben sie ruhig weitergemacht – um so ungestörter, da keine Kritik sie mehr würdigte. Die Magierinnen hatten nach anfänglichen scharfen Kriegserklärungen und heftigen Forderungen der Männerwelt bescheinigt, daß sie unverbesserlich sei, und ließen statt dessen weitab vom Geschehen die Schicksale der unglücklichen Schwestern wie am Rosenkranz durch ihre Finger gleiten.

Der Mann war als Ganzes der Kritik verfallen – da lohnte sich auch kein Verbesserungsvorschlag en detail. Denn Generationen von Frauen waren beleidigt.

«Männer zeigen sich nicht. Männer tragen eine Maske. Männer haben eine harte Schale» – so hatte die Kritik gelautet. Zeig dich wie du bist, Mann! Und er ließ die Hüllen fallen. Und er war eine Enttäuschung.

Nicht weil er vorgab, großartig zu sein. Sondern weil er es nicht ist. Dies launische, verletzliche, empfindsame Wesen soll jenen Erzengeln angehören, die uns mit gezücktem Schwert vom Eintritt durchs Tor zur Macht abhalten?

Und dieses Schwert gar soll der Phallus sein, den groß oder klein zu kriegen so unübersehbar in unserer Macht liegt?

Ein guter alter Rat unter Frauen lautete einmal: Wenn dein Chef dich terrorisiert – dann zieh ihn in Gedanken einfach aus. Er wird dir sogleich nicht nur als Mensch wie alle anderen auch erscheinen, sondern – im Widerspruch zwischen Prätention und Realität – lächerlich. Da steht er zwischen all den anderen Schaufensterpuppen und hat alle Insignien seiner weltbeherrschenden Macht abgelegt – bis auf die Brille, ein allerdings fragiles Gestell, zumal wenn es Bedeutungen transportieren soll wie: dieser hier ist Teil all jener furchtbar Schlauen, die Kriege führen, Raketen bauen und alles ganz genau machen.

Gehen wir noch einen Schritt weiter und setzen den Prätendenten in eine Pose, in der er uns selbst stets gern gesehen hat: auf ein weiches Fell, mit dem Schmuck behängt, den wir ihm gönnerhaft geschenkt haben; den kleinen Begleiter, den treuen Dackel, just dort, wo das angeblich so furchterregende Symbol seiner Männlichkeit verborgen ist… Oh Herr! Das sei der Mann, der nicht nur unserer Macht so wirkungsvoll im Wege steht, sondern auf den sich auch noch unser Begehren richten soll? Das ist für jede Frau, die auf sich hält, eine Beleidigung – denn wenn das Objekt, das sie begehrt, nicht würdig ist, ist sie selbst entwürdigt.

Also hat sich nichts geändert, und der Blick fällt noch immer auf das stets Enttäuschende? Nicht unbedingt. Enttäuscht wird, wer sich täuscht. Aber nicht jede Maske ist eine Lüge, und nicht alle Nacktheit Entblößung. «Nehmen Sie uns beim Wort», Madame, und ruhig auch beim Schwanz.

Es gibt einen Gestus der Entblößung, welcher der Wahrheitsfindung dient und sie doch geradewegs verfehlt. Der lautet: jemandem die Maske vom Gesicht reißen. Jemanden auf den kleinsten Nenner bringen – wobei das «gemeinsam» meist weggedacht ist. Jemanden «nackt und ohne Hemd» vorführen. Die schillernde Oberfläche auf den trivialen Grundwiderspruch zurückführen. Eine solche Betrachtungsweise, wie nötig sie manchmal ist und wie wichtig sie historisch auch gewesen sein mag, verpaßt in den Details auch das Ganze. Sie hat aber einen viel übleren Nachteil: Sie macht, in der Enge der Perspektive, den Betrachter selbst klein. Sie besagt nichts anderes als: «Sieh her! Ohne all deine Masken, deine Hierarchien, deine Machtspiele, deine Insignien bist du genau wie ich – ganz unbedeutend, ganz klein, wenn auch mit Hut.» Frauen sind nicht nur entwürdigt, weil ihr Objekt nicht würdig sei – sie haben selbst nicht selten alles darangesetzt, es so klein wie möglich zu kriegen, um sich dann um so heftiger über das Resultat zu beklagen.

Die Maske ist jedoch nicht nur Lüge, leere Illusion, Panzer, Schutz – sie ist auch Möglichkeit. Männer verfügen über verschiedene Sprachen, verschiedene Rollen, verschiedene Masken, und sie bewegen sich damit in den unterschiedlichsten Welten. Auf der zuckenden Wunde des einzigen, des wahren Wesens zu bestehen, heißt oft, daß Frauen sich dieses Spiel nicht zutrauen und es, häufig aus gutem Grund, nicht goutieren können. Denn die Genauigkeit, mit der Männer sich Details widmen können, sich Ziele stecken und gegen andere abwägen, ihren Lebenslauf planen, ohne die Sinnfrage zu stellen, hat in ihrer Verbohrtheit etwas Beängstigendes – doch ohne diese Reduktion von Komplexität, ohne diese Objektbildung würden auch ein paar durchaus wichtige Angelegenheiten unerledigt bleiben. Um das zu würdigen, müßte man Männer allerdings aus ihrem Geschlechtsschicksal entlassen, was da heißt: «der» Mann.

DIE FEDERN

«männer haben muskeln
männer sind furchtbar stark
männer können alles
männer kriegen 'n herzinfarkt
männer sind einsame streiter
müssen durch jede wand,
müssen immer weiter»

Versuchen wir es mit einem zweiten Blick, mit einem aus der Distanz, mit einem neugierigen, nicht gar so ideologischen Blick. Lehnen wir uns zurück und schauen uns den Nächstbesten einmal an.

Vielleicht war es ein Fehler, daß Sie den Fernseher angeschaltet haben und nun meiner Argumentation nicht mehr folgen können. Denn dort haben Sie einen dieser grauen Herren gesehen, aus dessen schmalen Lippen zwischen dicken Hängebacken eine Reduktion der Komplexität hervorquoll, die Ihnen als ganz und gar ungenießbar erschien. Ich stimme Ihnen zu: Dieser Herr ist in der Tat ein äußerst trauriger Anblick, und ich möchte gern Ihrer weiblich-chauvinistischen Vermutung beipflichten, der entschädige sich für sein trauriges Geschlechtsorgan mit Hilfe des aktiven Traums von den schönen, blitzenden, mächtigen, schnellen, unüberwindlichen Phalli, die er als sein memento mori gern auf jede bescheidene Weide dieses unseres Landes aufpflanzen möchte…

In der Tat: Der größte Vorwurf, den man manch Mächtigem machen möchte, ist der, daß er uns weder sonderlich klug noch sonderlich schön erscheint. Er beleidigt nicht nur unseren Verstand, sondern auch unser Auge.

Also gucken wir woanders hin. Beispielsweise auf das Muskelspiel des Nachbarn, der uns mit spielerischer Leichtigkeit den Kühlschrank ins dritte Stockwerk trägt. Oder auf den schwarzgelockten Pizzabäcker, dessen goldbrauner, unbehaarter Oberkörper dem des Marmordavid gleicht, wie er seine nicht nur funktional bestimmten Wurfübungen mit dem Teig veranstaltet. Und, ganz nebenbei, auf die ungeheuer langen, unglaublich muskulösen Beine, die irgendein blondes Zweimeterereignis im Park zur Schau trägt.

Oder gucken wir nicht hin?

Wenn Männer klug sind, haben sie keine Zeit, schön zu sein. Wenn sie nicht schön sind, sind sie allerdings nicht automatisch wenigstens klug. Sind sie aber schön, so sind sie meistens auch faul, weil sie sich Mühe nie geben mußten. Oder sie sind auch noch so dumm, sich etwas darauf einzubilden. Also – Gockel.

Der Gockel plustert sich auf, schlägt mit den Flügeln und macht ein Mordsgeschrei beim Anblick jeder müden Henne, die wahrscheinlich gerade ganz andere Sorgen hat. Der Gockel kräht auch noch auf dem Misthaufen der Geschichte, auf den die Frauenbewegung ihn gestellt hat, munter weiter. Soll man ihm dabei auch noch zugucken?

Es ist seltsam: Betrachte ich mir den Kampf der Geschlechter aus weiter Distanz, scheint es mir, als ob es die Frauen gewesen seien, die die Männer mit all der Macht und Herrlichkeit ausgestattet haben, die sie ihnen dann in einem großen Drama wieder vom Leib rissen. Nun schmollen sie und wollen nicht einmal mehr mit den Entthronten spielen – das heißt all das tun, was nicht an die Wurzeln der Existenz geht: Flirten, beispielsweise. Die Federn des Gockels sind die spielerische Variante der Maske und dürften kaum verlogener sein als die hohen Schuhe, die raffinierten Kleider, das Make-up der Frauen. Sie müßten eigentlich um so erträglicher sein, als sie nicht die Funktion haben, zu verbergen, sondern zu enthüllen: das, was der Mann zu bieten hat.

Aber so einfach ist das nicht. Denn was Männern so leicht gelingt – den Anblick einer schönen Frau zu genießen, auch wenn sie nur Plattheiten äußert –, fällt Frauen häufig schwer: die Strategien kennerisch zu würdigen, die Männer entwickeln, um ihnen zu gefallen. Sich sterblich in zwei Nackenmuskeln oder in ein trotz seiner Kraft so schmales Handgelenk zu verlieben und die dummen Sprüche einfach zu überhören, deren der Mann sich nicht enthalten kann. Nicht immer nur vom guten Charakter zu sprechen, sondern auch vom schönen Körper zu schwärmen. Frauen tun sich, wie Barbara Sichtermann schreibt, mit der Objektbildung schwer. Sie können nicht zerteilen, sie wollen alles oder nichts – wohingegen Männer zum Reformismus neigen. Sie jedoch haben nicht gelernt, sich als Objekt eines weiblichen Begehrens auch herzugeben.

Vielleicht rührt daher der mißmutige Ernst, mit dem sich Begegnungen zwischen Männern und Frauen heute oft abzuspielen scheinen: Nicht am Detail, nicht an der Oberfläche, nicht an der Koketterie, nicht am Flirt, nicht am Spiel, nicht am Un-Wesentlichen darf sich der Funke entzünden, sondern der Konsens über ein paar gerade gängige Grundwahrheiten des Lebens muß hergestellt werden. Der aufgeklärte Mann, der, der nicht Gockel sein will, beteuert wie eh und je ernste Absichten – mit dem Unterschied vielleicht, daß er sie heute selber glaubt. Und er wird sich als Objekt und benutzt fühlen, wenn an ihm das begehrt wird, was ihn zum Mann macht. Oder?

Wann ist ein Mann ein Mann?

DAS MESSER

> «männer nehmen in den arm
> männer geben geborgenheit
> männer weinen heimlich
> männer brauchen viel zärtlichkeit
> männer sind so verletzlich
> männer sind auf dieser welt
> einfach unersetzlich»

Wer hat den Männern eigentlich eingeredet, sie müßten sich hinter langen Mähnen und kuscheligen Bärten verstecken, um bei uns keinen Anstoß zu erregen? Wer hat ihnen beigebracht, uns bis zum Überdruß von der uferlosen weiblichen Empfindungswelt vorzuschwärmen, an die ihre arme Lust nicht heranreiche – während es uns gerade ganz recht wäre, sie beschenkten uns mit ihrer Männlichkeit, nach der uns trotz gegenteiliger Beteuerungen so recht zumute ist? Streichen wir mal alle Mystifizierungen und Dämonisierungen weg, nach denen der Phallus stets für etwas anderes steht: Der Mehrzahl der Frauen steht der Sinn just nach ihm.

Das Dogma kam zugegebenerweise besonders laut aus der Frauenbewegung, demzufolge es sich auch ohne Schwanz lieben lasse. Ich glaube im

Rückblick, daß dieses Dogma, in den sexuellen Beziehungen habe es leise, sanft und fließend zuzugehen, mehr noch aus der Jugendbewegung der späten sechziger Jahre stammt, als man, um «freie Sexualität für alle» fordern zu können, auch alles leugnen mußte, was an Sexualität Angst machte. Und Angst macht immer das Andere, Fremde – das, was trennt, das, was zwei Körper unterscheidet. Der Phallus, die Vagina. Ohne bezweifeln zu wollen, daß die Flucht in die Androgynität oder vielmehr in das, was beiden Körpern gemein ist – zu den vielen nichtgenitalen Lustzonen –, die erotische Kultur um einiges gefördert hat, halte ich jedoch diese Propaganda der Geschlechtslosigkeit für einen grandiosen Irrtum.

Und diesen Irrtum haben Feministinnen ja auch bereits gekündigt. Einseitig allerdings: Nämlich mit der Behauptung, es gäbe ein spezifisches, unübertroffenes, machtvolles weibliches Potential – ob das nun als uferloses, multiple Orgasmen nur so abspulendes weibliches Empfindungsvermögen daherkam oder als stolz zur Schau getragene neue Mütterlichkeit. Die Auseinandersetzung mit der männlichen Potenz hingegen war nur zugelassen, wenn sie mit einem tosenden Bekenntnis zur Kollektivschuld der Männer an der Unterdrückung der Frauen begann oder gar, wie bei Theweleit, mit der Suche nach dem Faschisten in jedem Mann – oder aber, wenn sie auf dem Feld der Homoerotik ausgetragen wurde. Hinter jedem vitalen Zeichen, auch der Männlichkeit Größe und Schönheit abgewinnen zu wollen, vermutete eine gutinstruierte Öffentlichkeit sofort wieder den alten Adam, den häßlichen Macho, den Macker, den Patriarchen. Nun, diese Zerrbilder von Männlichkeit interessieren mich nicht: Weder der nackte Affe, der den traurigen Rest bildet, ist die Charaktermaske einmal abgelegt – noch jene anderen Reminiszenzen, für die es keine soziale Kulisse mehr gibt, es sei denn, Frauen machten sich freiwillig zu ihren Jubelpersern.

Sowenig man heute bereit ist, männliche Sexualität für die überlegenere zu halten, sowenig scheint mir der Bonus zweifelsfrei auf der Seite der weiblichen Lust zu verbuchen zu sein. Deutlich wird allerdings: Da ist ein Unterschied. Und der macht, daß Heterosexualität nicht harmlos sein kann – und nur Harmlosigkeit wäre etwas, vor dem man keine Angst haben müßte.

Es spräche daher auch gar nichts dagegen, vom Kampf der Geschlechter zu reden. Dieser Kampf müßte allerdings nach altem Reglement vonstatten gehen: Zum Duell kann ich nur fordern, wer gleichen Ranges ist, wer «satisfaktionsfähig» ist ganz im doppelten Sinn des Wortes. Der Gegner muß in seiner Eigenart erkannt und akzeptiert – und in seinem Gegensatz respektiert werden. Wieweit Männer in diesem Prozeß gegenüber Frauen sind, kann ich nicht beurteilen. Der Frauen Lust jedoch dient nicht, so kann man ganz pragmatisch sagen, wenn sich der Mann, den sie begehren will, bei ihr einschleicht, sich selbst die Schürze umbindet, unter der er sich am liebsten verstecken würde, so tut, schließlich, als sei er gar nicht Mann. Daß Männer feminine Anteile haben wie Frauen männliche – gut und schön. Aber ich kann das eine nicht haben, wenn ich das andere leugnen muß. Frauen, die mit dem, was mit diesem Geschlechtsschicksal in unserer Gesellschaft so verbunden ist, nicht recht zufrieden sind, wird von der Analytikerin beschieden, sie müßten auch dazu, zu ihrer Weiblichkeit, stehen. Wer sagt das eigentlich den Männern – und zwar nicht nur: ihr müßt, sondern auch: ihr dürft?

Das Messer und der Schwanz: Zwei Phantasien setzt diese Kombination schier automatisch frei. Der Phallus ist der Dolch im Leib der Frau, die durchdringende Waffe, wie es die grauenvolle Vokabel «Penetration» suggeriert. Das Messer rückt dem Schwanz zu Leibe, so lautet die komplementäre Angst im Männerlager. Ein Messer ist jedoch nicht nur ein Instrument, mit dem Körper verletzt werden. Es zerteilt, es trennt, es hat Schärfe, es verleiht Kontur. Es ist das Messer der Objektivierung (Sichtermann): Schauen wir ihn uns an, den Mann. Den Unterschied, in all seinen Größen. Isolieren wir ihn, kreisen wir unser Begehren ein, nehmen wir uns, was uns begehrenswert scheint. Den Luxus können wir uns doch leisten!

Machen wir uns ein Bild vom Mann. Eines, das so schön und groß ist, daß er der Versuchung nicht widerstehen kann, sich ihm anzunähern. Langsam, bedächtig. Wie er nun mal ist. Das kann Jahrzehnte dauern. Jahrhunderte. Jahrtausende. Aber immerhin…

AUSBLICK

> «männer kriegen keine kinder
> männer kriegen dünnes haar
> männer sind auch menschen
> männer sind etwas sonderbar
> männer sind so verletzlich
> männer sind auf dieser welt
> einfach unersetzlich»

Ich habe die ganze Zeit von Bildern geredet – von Klischees, wie «männer sind». Von dem, was der Blick wahrhaben will – von dem, was er ausspart. Von Vorurteilen, von Urteilen. Von Wünschen, von Enttäuschungen.

Diese Bilder sind da – und sie sind für jede, für jeden eine Zumutung. Der Verdacht ist begründet: Es gibt nicht nur Bilder, es gibt auch die unverwechselbare Person. Das Individuum. Etwas, das mehr ist als Gattungsschicksal und Geschlechtsmerkmal. Wir laufen ja nicht als Symbole für uns selbst herum (Gott sei Dank, sage ich beim Anblick des einen. Schade, seufze ich angesichts eines anderen).

Die Klischees sind mächtig – und sie drängen sich auf, selbst bei einer Betrachtung der Männerbilder von Herlinde Koelbl. Vielleicht deshalb, weil sie hier verabschiedet werden.

Keine Angst, wieder hinzuschauen – weder sind sie verschwunden, noch sind sie von trauriger Gestalt. Vielleicht muß man nur anders schauen: freundlich, warm, privat und ohne auf Entblößung zu zielen. Die Fotografin feiert ihr Objekt nicht: Kitsch, Glorifizierung des Anderen ist nicht das Ergebnis. Ihr Blick richtet sich mit Neugier auf seine Objekte – auf diese Schulter, auf dieses Bein, auf diesen Phallus, auf dieses Gesicht – auf Bartstoppeln und kahle Köpfe, auf den Mann en detail und en face.

Und der Blick kommt zurück. Warum verlangt der durchschnittliche Fotograf durchschnittlicher weiblicher Akte diesen noch stets ab, jedes exponierte Bein mit einem selbstzufriedenen Lächeln zu begleiten? Wer seiner selbst bewußt ist, muß sich nicht lächelnd kommentieren: Die Männer, die sich von Herlinde Koelbl fotografieren ließen, tragen ihre Haut mit Selbstverständlichkeit zur Schau, mit einer ruhigen Selbstgewißheit, mit einer gelassenen Ironie. Sie bieten sich dar, ohne sich anzubiedern.

Am liebsten hätte ich mich auf den Satz beschränkt: Ich finde diese Bilder, diese Männer schön, vom jüngsten bis zum ältesten – und das heißt: weder entschärft noch harmlos. Denn einen solchen objektivierenden Blick auf Männer erlauben sich in dieser Offenheit und Öffentlichkeit bislang vor allem Männer, während Frauen ihn vermeiden. Denn etwas sehen, etwas ins Auge fassen, heißt auch: etwas begehren, etwas wollen. Und nicht nur das, was man wollen darf: die Charakterstudie. Den Mann en face, aber nicht en detail. Seltsamerweise hält sich noch öffentlich das wilhelminisch anmutende Diktum der Frauenbewegung, das hoffentlich privat längst außer Kraft ist: dem Mann gehöre eins auf den Schwanz, der ihn allzu vorwitzig in die Gegend streckt.

Mag sein, daß wir so weit noch nicht sind. Daß der Kampf der Geschlechter noch immer mit ungleichen Waffen geführt wird. Daß ein Selbstbewußtsein der Männer in Schach gehalten werden muß, weil Frauen noch zuviel nachzuholen haben. Daß die Lust am Mann, die Freude an seinem Körper, immer noch nicht mehr ist als die Lust der Sklavin am Dienen. Mag sein, daß das so ist – auch wenn ich es kaum glauben kann. Mag sein, daß über das, was am Manne Mann ist und an der Frau Frau, auch heute noch nicht zu befinden ist. Dann allerdings ist der Zeitpunkt um so günstiger für einen Gegenentwurf.

Die Magie des abgewandten Blicks hat versagt. Die Männer haben ungestört weitergemacht. Der Blick der strafenden Mutter kränkt die Frauen selbst: Was soll ich mit einem Mann, an dem ich keine Freude haben kann? Versuchen wir es mit einer Magie des guten Blicks: Wir wollen nur ihr Bestes. Wir wollen nur ihr Schönstes. Wir wollen sie nicht klein, häßlich, verzagt und selbstzweifelnd, sondern wir wollen sie als würdiges Pendant – vielleicht auch: als würdigen Gegner. Wer Männer so sehen kann wie Herlinde Koelbl, hat Glück.

Machen wir uns ein Bild vom Mann – ein Bild, dem er vielleicht noch nicht entsprechen mag. «Aber darin liegt die Chance: wenn er sich an das Bild hielte, käme er bald zu seinen eigentlichen Qualitäten zurück, wenn wir ihn anstrengen, wird er Kräfte entwickeln!» *(Anna Wheill)*

Anmerkungen

«männer»: Text von Herbert Grönemeyer. © Grünland-Kick Musikverlag, Sankt Augustin.
Barbara Sichtermann: Weiblichkeit. Zur Politik des Privaten, Berlin 1983.
Anna Wheill: Die Kunst, mit Männern glücklich zu sein, München 1983.

Herlinde Koelbl/Manfred Sack/
Alexander Mitscherlich
Das deutsche Wohnzimmer
144 S., 130 Schwarzweißfotos,
Format 22 x 24 cm, broschiert.

Der Blick in deutsche Wohnzimmer der 70er Jahre signalisiert manchen Notstand der Gedankenlosigkeit und Mangel an Kritik gegenüber der Scheinkultur einer konsummächtigen Industrie. Doch gibt es Ausnahmen: Individuelles Wohnen, die persönlichkeitsbezogene Umgebung, eine neue Wohnkultur sind möglich. «Herlinde Koelbl hat mit ihrer Kamera einen kritischen Blick in die deutsche Wohnsphäre getan – Momentaufnahmen, die tief blicken lassen.»
Architektur und Wohnen

Augenzeuge Robert Lebeck
Fotografie: Robert Lebeck
Text: Heinrich Jaenecke
Mit einem Vorwort von Henri Nannen
140 Seiten mit 120 Bildtafeln (Duoton-Offset).
Format 27 x 22 cm, broschiert.

«Robert Lebeck nennt seine Art zu arbeiten, ‹direkte Fotografie›. Das meint, im Unterschied zur subjektiven Fotografie, die Unterwerfung unter die Objektivität der Dinge. Es ist, in Lebecks eigenen Worten, eine Fotografie ‹ohne Kinkerlitzchen, ohne technische Mätzchen, ohne Spezialobjektive, ohne ausgefallene Perspektiven›. Lebeck geht die Realität frontal an, journalistisch. Er ist Bildreporter, und seine unpathetische Berufsauffassung stellt ihn in die ruhmreiche Reihe derer, denen wir das Beste verdanken, was die Fotografie zu geben vermag: ein Protokoll ihrer Zeit.»

Heinrich Jaenecke